BIBLIOTECA MARTINS FONTES

Eurípides *c. 484 a.C. †406

Duas tragédias gregas: Hécuba e Troianas

Títulos dos originais gregos:
HECÁBE e TROIÁDES.
Copyright © 2004, Livraria Martins Fontes Editora Ltda.,
São Paulo, para a presente edição.

1ª edição
setembro de 2004

Tradução e introdução
CHRISTIAN WERNER

Acompanhamento editorial
Luzia Aparecida dos Santos
Preparação do original
Vadim Nikitin
Revisões gráficas
Sandra Regina de Souza
Maria Fernanda Alvares
Dinarte Zorzanelli da Silva
Produção gráfica
Geraldo Alves
Paginação
Moacir Katsumi Matsusaki

Dados Internacionais de Catalogação na Publicação (CIP)
(Câmara Brasileira do Livro, SP, Brasil)

Eurípedes, 484 a.C.
Duas tragégias gregas : Hécuba e Troianas / Eurípides ; tradução e introdução Christian Werner. – São Paulo : Martins Fontes, 2004.
– (Coleção biblioteca Martins Fontes)

Título original: Hecábe e Troiádes
Bibliografia.
ISBN 85-336-2044-6

1. Civilização grega 2. Grécia Antiga – História 3. Mitologia grega 4. Tragédia grega – História e crítica I. Werner, Christian. II. Título. III. Série.

04-5807   CDD-882.01

Índices para catálogo sistemático:
1. Tragédia : Literatura grega antiga   882.01

Todos os direitos desta edição para a língua portuguesa reservados à
Livraria Martins Fontes Editora Ltda.
Rua Conselheiro Ramalho, 330 01325-000 São Paulo SP Brasil
Tel. (11) 3241.3677 Fax (11) 3105.6867
e-mail: info@martinsfontes.com.br http://www.martinsfontes.com.br

Duas tragédias gregas: Hécuba e Troianas

Eurípides

Tradução e introdução
Christian Werner

Martins Fontes
São Paulo 2004

Para Filomena

Agradecimentos

À Fapesp, que financiou meu trabalho de mestrado, no qual foram elaborados uma primeira versão da tradução de *Troianas* e um estudo da peça;
a Maria Cecília Coelho, leitora atenciosa e amiga solícita;
a Paulina Nólibos, Lúcia Correa, Ana Carolina da Costa Fonseca e Fernando Quintanilha, pelos incentivos e pelas discussões;
a Fernando Brandão, Flávio Oliveira, Cristina Franciscato e Giuliana Ragusa de Faria, pela leitura e pelas sugestões.

ÍNDICE

Introdução XI
Cronologia LIX
Nota à presente edição LXI

Hécuba 1
Troianas 75

INTRODUÇÃO

Será a violência excessiva, que povoa os jornais e os palcos, os romances e os filmes do século XX e dos primeiros anos do século XXI, o elemento distintivo do teatro de Eurípides, aquele que Aristóteles chamou de o mais trágico dos trágicos? O espaço dramático de *Hécuba* e *Troianas* é uma terra desolada, na qual, apenas com muita dificuldade, pode-se vislumbrar a justiça e o divino. Será esta atmosfera a responsável pela revalorização de Eurípides no século que passou?

À primeira vista, parece que sim. Eurípides – junto com Ésquilo e Sófocles, a tríade canônica da cena trágica ateniense do século V a.C. – foi o poeta por excelência do início do fim de uma era, a da civilização grega, que teve, como ponto culminante, a hegemonia política e cultural de Atenas no mesmo século em que floresceu a tragédia. As tragédias do autor que chegaram até nós foram compostas nas décadas de 440-410 a.C., período marcado por um longo conflito no mundo grego entre os blocos capitaneados pelas duas cidades-Estado hegemônicas, Atenas e Esparta. *História da guerra do Peloponeso*, relato contemporâneo do historiador Tucídides, é contundente na descrição das situações de exceção – sociais, políticas, militares – que, dentro e fora de Atenas, permeiam este período. Por outro lado, esta também é a época de um notável debate de idéias. Discute-se tudo: medicina, filosofia, educação, política, poesia, religião. Claro, no centro deste turbilhão cultural, encontramos apenas uma reduzida elite: políticos como Péricles e Alcibíades; poetas como Sófocles, Eurípides e Aristófanes; filósofos como Sócrates e Anaxágoras; "sofistas" como Górgias, Pródico e Protágoras. Contudo, as práticas políticas e culturais, por exemplo, nas assembléias dos cidadãos e no teatro, fazem com que tal turbilhão também atinja uma parcela significativa dos cidadãos.

Portanto, não parece mero acaso que Eurípides, no século XX, recupere, na academia e no teatro, o brilho que pensadores como os irmãos Schlegel e Nietzsche lhe haviam retirado no século anterior. O século passado foi marcado por altos e baixos equivalentes àqueles que atingiram a Atenas de Eurípides. Assim, o leitor que hoje dirigir os olhos a uma peça deste tragediógrafo munido de um mínimo de informações sobre o conteúdo e a forma do discurso poético bastante padronizado que é uma tragédia ateniense não vai sofrer um estranhamento muito grande.

À primeira vista, Eurípides, por certo, pode ser tornado familiar. É o que fizeram com *Troianas*, por exemplo, Jean-Paul Sartre, na sua adaptação/tradução da década de 1960, e o diretor grego Michael Cacoyannis, no filme do início da década seguinte. Nesta curta introdução, porém, não procuraremos tornar Eurípides mais familiar como fizeram Sartre e Cacoyannis, que ressaltaram, em um texto com quase 2500 anos de idade, preocupações que eram deles mesmos, em especial posicionamentos que estavam na ordem do dia da intelectualidade européia da época. Tentaremos, isto sim, torná-lo mais "estranho", ou seja, apostamos que, ao tentar identificar o que é próprio da tessitura trágica armada pelo autor, poderemos atingir problemas que não se deixam identificar tão facilmente com esta ou com aquela bandeira.

A guerra de Tróia

No imaginário grego antigo, a guerra de Tróia ocupa importante posição. Não só ela é a mãe de todas as guerras, mas também um dos mecanismos usados pela tradição para diferenciar o que é grego daquilo que é bárbaro. As duas epopéias que, ao longo dos séculos, tornaram-se canônicas no mundo grego, *Ilíada* e *Odisséia*, tratam, a primeira, da guerra propriamente dita, a segunda, do retorno de alguns heróis, especialmente Odisseu (ou Ulisses) de Tróia para suas cidades.

A polarização grego x bárbaro acentua-se no início do século V com a expansão do império persa rumo à Grécia. Atenas escapa duas vezes de ser conquistada pelo inimigo. Com isso, em uma série de discursos, como os historiográficos, dos quais um exemplo são as *Histórias*, de Heródoto, o perigo oriental passa a ser pintado com as tintas de tudo aquilo que supostamente não seria grego. Em uma tragédia, porém, polarizações podem ser enganosas.

Voltemos à guerra de Tróia. Não é fácil determinar sua causa. E a razão é simples: uma cultura de forte base oral, como a grega até o século V, não é constituída por uma tradição hegemônica e unívoca. A tradição é fluida e plural. Na poesia, por exemplo, diferentes poetas nas mais diversas ocasiões, inclusive em festivais em que eles disputavam algum prêmio, tentam convencer sua platéia de que são eles que conhecem a verdade, que foi para eles que as Musas sopraram tal ou qual versão verdadeira de um mito. Assim, não por acaso, um dos problemas que perpassam *Troianas* é justamente o da causa da guerra.

Uma versão do mito poderia ser a seguinte: ao casamento de Tétis, uma deusa marítima, e Peleu, um mortal, um dos grandes eventos sociais do mundo mítico, foram convidados todos os deuses, salvo Éris ("Discórdia"), que, porém, irrompe na festa e oferece um pomo de ouro à deusa mais formosa. Atena, deusa da guerra ordenada e da astúcia, Hera, esposa de Zeus, o soberano dos deuses, e Afrodite, deusa do amor, reivindicam o pomo e decidem que será um mortal que deliberará qual delas é a mais bela. O escolhido é o pastor Alexandre.

Alexandre, na verdade, pertence à casa real troiana. Contudo, quando sua mãe, Hécuba, dele estava grávida, sonhou que iria parir um tição que incendiaria Tróia. Ela e seu marido, Príamo, acharam então por bem se livrar do filho recém-nascido. Como é comum ocorrer nas narrações míticas, o bebê, após ter sido abandonado no monte Ida, foi achado e criado por um pastor e, mais tarde, adotou o trabalho do pai de criação.

Alexandre, então, se vê na posição ingrata de ter sido escolhido pelas deusas. Cada uma lhe oferece algo, e ele acaba optando por Afrodite. Após esse evento, regressa a Tróia. Aliás, tal regresso compunha o núcleo dramático da primeira peça (*Alexandre*) da trilogia da qual fazia parte *Troianas*[1].

---

[1] Nos festivais trágicos, que ocorriam uma vez por ano em Atenas, era encenada, a cada dia, uma sucessão de quatro peças compostas pelo mesmo tragediógrafo, três tragédias e um drama satírico. Três dias eram reservados para a apresentação das peças de três poetas que competiam entre si.

Introdução

Tendo regressado à sua cidade, é aceito, após algumas peripécias, pelos membros de sua família, embora sua irmã Cassandra tente alertá-los acerca dos perigos envolvidos; Cassandra, porém, tradicionalmente é aquela que vê e anuncia a verdade, mas é desacreditada. O próximo desafio de Páris (o nome que Alexandre adquire em Tróia) é buscar o prêmio que lhe prometera Afrodite, Helena.

Helena, filha de Tindareu (ou de Zeus?), era uma mulher belíssima que quiseram desposar os maiores heróis da Grécia. Heróis muito nobres: antes de ser anunciado quem ficaria com sua mão, decidiram que, no dia em que o vitorioso fosse ameaçado, todos os outros concorrentes se uniriam para auxiliá-lo. E não demorou muito para que Menelau, o escolhido, rei de Esparta e irmão de Agamêmnon, rei de Argos, necessitasse dos outros. Helena parte com Páris, aproveitando a ausência do rei: rapto ou fuga? Mais uma vez, a tradição é plural.

A guerra de Tróia, portanto, é basicamente a guerra em torno de uma *mulher*. E Eurípides, em duas tragédias que não devem distar mais de dez anos entre si (*Hécuba*: provavelmente 425 ou 424 a.C.; *Troianas*: 415 a.C.), tratou dos eventos que atingiram as *mulheres* da casa real troiana imediatamente após a conquista da sua cidade: Hécuba, a idosa rainha; Polixena, sua filha virgem, exigida em sacrifício pelo fantasma de Aquiles, um dos melhores dentre os gregos; Cassandra, que Agamêmnon, o comandante do exército grego, toma como concubina; Andrômaca, esposa exemplar de Heitor, o melhor dos troianos, escolhida como prêmio de guerra por Neoptólemo, filho de Aquiles.

Encontramo-nos, portanto, na situação privilegiada de examinar como um tragediógrafo trabalha, de modos diversos, o material tradicional que compartilha com seus contemporâneos, pois um instante quase idêntico da tomada de Tróia pelos gregos recebeu uma dupla configuração efetuada pelo mesmo poeta.

Tragédias semelhantes, portanto? Nada menos verdadeiro. É certo que Hécuba, em ambas, ocupa posição de destaque: nas *Troianas*, ela está em cena do início ao fim da peça; em *Hécuba*, entrando após o monólogo do fantasma de seu filho Polidoro (morto por Polimestor, um antigo aliado de Príamo), ela só sai de cena por dois breves instantes. Quanto às outras personagens, afora Taltíbio, o arauto de Agamêmnon, que, sobretudo em *Troianas*, responde pela ligação entre o efêmero mundo das prisioneiras e as tendas dos líderes gregos, nenhuma delas aparece em ambas as peças. Eurípides, provavelmente não por acaso, distribui pelos dois dramas as grandes figuras helenas que sobreviveram à guerra: Agamêmnon e Odisseu em *Hécuba*; Menelau e Helena em *Troianas*. Do mesmo modo ele procede com as figuras femininas: em *Hécuba*, somente Polixena é uma personagem atuante, e não Cassandra e Andrômaca, que só aparecem em cena em *Troianas*. Finalmente, cada uma das tragédias ainda contém duas personagens exclusivas: em *Hécuba*, Polidoro e Polimestor; em *Troianas*, Atena, que, junto com a outra deusa derrotada no julgamento de Páris, Hera, passou a odiar os troianos e a auxiliar os gregos, e Posêidon, deus do mar e, nesta peça, simpatizante dos troianos.

Introdução

A estrutura das peças: a unidade de ação

Embora Eurípides tenha sido paulatinamente revitalizado pela crítica erudita desde o final do século XIX, as duas tragédias em questão só mereceram um destaque maior em décadas mais recentes. O baixo crédito gozado por ambas pode ser inferido, por exemplo, a partir do número de páginas que um conhecido manual publicado em português, *A tragédia grega*, de A. Lesky (a 1ª. edição em alemão é da década de 1930), oferece a cada uma: duas, no caso de *Hécuba*; três para *Troianas*, quando as populares e elogiadas *Medéia* e *Hipólito* são distinguidas com cinco páginas cada uma.

Ambas as tragédias foram consideradas estruturalmente mal construídas. *Hécuba* seria um díptico, uma peça constituída por duas partes nitidamente independentes: a primeira parte gira em torno do sacrifício de Polixena ao fantasma de Aquiles; a segunda, da vingança de Hécuba contra Polimestor pela morte do filho. *Troianas*, segundo a nomenclatura de Aristóteles (*Poética* 1451ᵇ33-52ᵃ1), seria uma peça episódica: ela careceria de uma unidade conferida por uma ação única. Por conseguinte, quem procura salvar as peças vai em busca do que lhe parece ser o seu eixo unificador. Curiosamente, a maioria dos críticos escolhe o sofrimento crescente de Hécuba como fundamento dramático de *ambas* as peças.

No caso de *Hécuba*, a questão fundamental é a relação entre o sacrifício de Polixena e a vingança de Hécuba. Devemos, de início, dar um crédito a Eurípides, ou seja, supor que essa estrutura tenha sido cuidadosamente pensada. Afinal de contas, por que ele comporia uma tragédia que se ocupa, somente na sua primeira metade – e a divisão é rigorosa –, de um tema que Sófocles tratou em uma tragédia inteira, e, na segunda metade, de uma história largamente inventada, ou seja, inovadora em relação à tradição? Para muitos, porque o seu foco seria o sofrimento da rainha. Eurípides estaria interessado em mostrar que um indivíduo nobre consegue fazer prevalecer seu caráter a despeito das vicissitudes externas que o afligem: para Polixena – a princesa que recusa as humilhações destinadas a uma prisioneira de guerra e afirma a sua nobreza diante do exército inimigo – a regra seria confirmada; para Hécuba – a rainha que não aceita tacitamente seu destino, mas que estaria disposta a humilhar-se e a corromper-se para garantir a sobrevivência da filha e a vingança contra o assassino do filho – não valeria tal regra. Deste modo, Polixena, dramaticamente, apenas realçaria o comportamento baixo de Hécuba, que alcançaria seu paroxismo no processo de vingança. Os pressupostos principais de tal leitura são dois: 1) Hécuba passa por uma transformação (psicológica); 2) Hécuba se corrompe.

Quanto a *Troianas*, as relações entre os episódios são mais tênues, e só uma análise detalhada da peça pode mostrar se são casuais ou necessárias, ou até mesmo indicar se esta questão faz realmente sentido, ou seja, se o modo como os episódios se ligam não seria de outra ordem. Em primeiro lugar, talvez devamos levar em conta que um texto composto por episódios mais ou menos independentes, apresentando as mesmas personagens ou não, é algo que não mais incomoda a sensibilidade moderna; muito pelo contrário. Ela é uma forma estética que nos agrada cada vez mais. Inúmeras produções cinematográficas, por exemplo, atestam isto[2].

Outra característica de *Troianas* que, implícita ou explicitamente, tem sido apresentada como uma falha dramática, é a ausência de ação. Vale notar, em primeiro lugar, que manifestações de sofrimento, ou, em sentido mais amplo, discursos, também se constituem em uma ação. Além disso, existe uma ação em sentido restrito que se desenrola durante toda a peça: a partida das prisioneiras, que, no limite, chega ao aniquilamento ou à morte. Sucessivas partidas marcam a efemeridade do instante encenado e apontam para conseqüências que se desenrolarão após o tempo dramático. Até mesmo Hécuba, cujo destino tradicional é anunciado em *Hécuba*, mas não em *Troianas*, dirige-se ao embarque.

Mulheres privadas de seus homens falam fora do gineceu e de sua cidade momentos antes de partirem em diferentes direções[3]. São as partidas que causam e condicionam o teor das falas, já que definidas pelo que ainda não é, pelo que aguarda as prisioneiras. O futuro, que, mesmo podendo ser vislumbrado, guarda incertezas, em conjunto com os traços aterrorizantes do presente, deixa as troianas desorientadas, perturbadas. Resta-lhes apenas o discurso; é por meio dele que procuram uma certa orientação e uma identidade, às vezes nova. O pano de fundo, também motivador da atividade discursiva, é o passado: a glória de Tróia. Entre o pas-

---

[2] Nas páginas que seguem, a maior parte dos trechos sobre *Troianas* foi tirada, com maiores ou menores modificações, da minha dissertação de mestrado: "*Troianas*, de Eurípides: estudo e tradução", Universidade de São Paulo, 1999.
[3] Em Atenas, o gineceu era a parte da casa reservada exclusivamente às mulheres.

sado e o futuro, no presente, problemas e suas possíveis soluções vão sendo esboçados por meio destas falas.

Portanto, não é o sofrimento de Hécuba que confere unidade à peça, mas as partidas sucessivas das mulheres e as manifestações discursivas geradas, de forma necessária e verossímil, por estas partidas. Assim, não é Hécuba a personagem principal, Cassandra, Andrômaca e Helena, as coadjuvantes. As três mulheres mais jovens, com certeza, têm o mesmo peso dramático, que, em conjunto, paradoxalmente, talvez seja superior ao de Hécuba. Estruturalmente, as três personagens, provavelmente representadas em cena pelo mesmo ator, formam um bloco em torno do qual gravita Hécuba e, de forma bem menos acentuada, o coro, Taltíbio e Menelau.

Por outro lado, depois do prólogo, no qual Hécuba apregoa a resignação, a voz da rainha cresce paulatinamente, atingindo o máximo de intensidade no êxodo. Embora complexas, as figuras de Cassandra, Andrômaca e Helena se apresentam a nós de um só golpe, e isto é potencializado pelo modo como as três entram em cena. Hécuba, ao contrário, se desvela lentamente, na mesma medida em que descreve seu movimento corporal na abertura de seu canto inicial (98-119).

Examinemos, agora, alguns aspectos de cada uma das peças.

Introdução

Hécuba

A mãe bárbara, selvagem, sedenta de sangue; a filha quase grega, heróica, incorruptível. Este maniqueísmo é comum em interpretações mais antigas de *Hécuba*. As leituras que se prendem à superfície da peça acabam por congelar as ações e as personagens, caracterizando-as de modo simplista e unívoco. Já que Polidoro, uma criança indefesa, um frágil broto destruído por quem lhe devia proteção, abre a peça narrando seu triste destino, muitos sentem-se impelidos a buscar um extremismo típico de um melodrama em toda a tragédia: Odisseu é o demagogo inescrupuloso; Hécuba, a rainha dos sofrimentos que se degrada em cadela bestial; Polixena, casta e corajosa; Agamêmnon, o rei fraco; Polimestor, o bárbaro impiedoso e ganancioso. No que segue, tentaremos mostrar como tal esquematização é frágil.

O bárbaro

Odisseu, ao buscar justificar o sacrifício de Polixena junto a Hécuba, lança mão de um modo usual de diferenciar gregos e bárbaros (326-331). O que ele defende é que os gregos, ao contrário dos bárbaros, honram os amigos[4]. Ora, isto, por certo, vale para Polimestor, que não honrou o filho do antigo aliado, Príamo. Mas as ações dos gregos – Odisseu convence a armada a sacrificar Polixena; Agamêmnon per-

---

[4] "Amigo", em grego, é *philos*, termo de conotações mais amplas que o equivalente em português, implicando laços sociais e políticos, além de afetivos.

mite que seu aliado, Polimestor, sofra nas mãos de Hécuba — comprovam os critérios de Odisseu?

Em ambas as tragédias, o coro, formado por cativas cujo destino é a escravidão, divaga acerca dos lugares do mundo grego para onde seus membros poderão ser transportados (*Hécuba* 444-474; *Troianas* 199-229). Significativamente, em ambas as listagens, Atenas é o destino mais atraente. Trata-se, é claro, da cidade que, ao patrocinar os dispendiosos festivais trágicos, honra-se a si mesma. Eurípides, portanto, que compete com outros dois rivais, pode estar querendo, por um breve momento, elogiar ou até mesmo bajular sua audiência. Estas menções isoladas, porém, não são suficientes para que suponhamos que os espectadores atenienses considerassem que, no espaço trágico, estivesse sendo representada uma alteridade radical, ou seja, um espaço e um tempo completamente distintos dos da sua cidade. É justamente em um complicado jogo de aproximações e distanciamentos entre a audiência e a história que é representada que também devemos procurar os modos como o texto se articula.

O espaço da peça é a costa trácia, que, tanto em oposição à Hélade quanto a Tróia, é apresentada como um espaço bárbaro por excelência. Não é mencionada a existência de nenhuma cidade nesta região; o próprio Polimestor, desde o início, aparece menos como rei do que como "o trácio". Na Atenas do século V a.C., "trácio" era quase um sinônimo de "escravo", por provir desta região um grande número de cativos. Para os atenienses, o bárbaro tinha uma alma essencialmente escrava, pois todos os habitantes de um país obedeciam a um só senhor, o rei, enquanto os atenienses, sendo iguais em face da lei, só se submetiam a ela.

Introdução

Entretanto, devemos ser cuidadosos com a representação de Polimestor. Ele é, por certo, inegavelmente vil, pois rompe com uma importante instituição, o respeito pelo *xénos*. O termo é aplicado tanto a um estrangeiro quanto às duas partes de uma aliança envolvendo nobres de cidades diferentes. Assim, todo estrangeiro deveria ser respeitado quando estivesse em uma cidade que não a sua. Quanto às famílias aristocráticas das diversas partes da Grécia, era comum fazerem uma aliança cujo feixe de obrigações recíprocas perdurava por gerações.

Na *Odisséia*, Odisseu, ao chegar a um lugar estranho na sua viagem de volta para casa, costumava perguntar-se se os habitantes do lugar seriam "civilizados" ou não; ser "civilizado" implicava, em primeiro lugar, ser gentil para com os estrangeiros e respeitar os deuses. Ele faz esta pergunta, por exemplo, ao chegar à terra dos ciclopes (Canto IX, versos 175-176). É nesta ilha que o herói vive uma de suas aventuras paradigmáticas, vencendo um adversário bem mais forte, Polifemo, por meio da astúcia. Preso com seus companheiros numa caverna cuja entrada é obstruída por uma rocha que só um gigante consegue mover, Odisseu não pode matar seu adversário. Ele então o cega, e todos escapam debaixo do rebanho que a criatura precisa soltar no dia seguinte.

Polimestor, Polifemo: o rei trácio compartilha várias características – e o nome não é a menos importante – com o ciclope da *Odisséia*. Hécuba, por outro lado, também se assemelha ao Odisseu da aventura do Canto IX no modo como se vinga de Polimestor: a astúcia é a arma da rainha para derrotar o estrangeiro com o qual a família real troiana mantinha laços de hospitalidade.

Mas estes não são os únicos paralelos inusitados; Polimestor e Odisseu, em *Hécuba*, também têm pontos de contato. Ambos, por exemplo, devem favores à rainha. Odisseu teve sua vida poupada em Tróia (239-248), e a menção deste episódio não é um mero adorno, pois é provavelmente uma invenção de Eurípides para esta tragédia a partir de um episódio narrado no Canto IV da *Odisséia*, no qual é Helena que reconhece o herói disfarçado quando este se encontrava em Tróia espionando. Ao ser descoberto por Hécuba, sua súplica — marcada, no mundo grego antigo, por um ritual bastante preciso, cujas componentes são amiúde mencionadas nesta tragédia — é tão longa, que sua mão chega a "dormir" enquanto toca nos joelhos da rainha. Por outro lado, ele diz que inventou muitos discursos, deixando subentendido que sua subserviência foi fingida. Assim, em relação à Hécuba, tanto Odisseu quanto Polimestor manipulam discursos feitos para enganar justamente quem com eles se mostrou benevolente.

A representação da fragilidade das alianças aponta para um problema que perpassa toda a peça: quais as práticas sociais que merecem uma sanção irrestrita por encontrarem seu fundamento na natureza e quais são aquelas cuja validade não é aceita por todos os povos, constituindo-se em um costume local? Dito de outra forma, trata-se de saber se o crime de Polimestor, cuja causa é a ganância, é tão execrável quanto o sacrifício de Polixena e o assassinato dos filhos do trácio e o seu próprio cegamento. Dependendo do ponto de vista da personagem, cada uma dessas ações pode ser considerada "grega" ou "bárbara".

Introdução

A morte de Polixena

Um herói exige uma prisioneira de guerra e isto provoca uma dissensão no exército. Tal motivo é conhecido: ele aparece no primeiro canto da *Ilíada*. O sacerdote Crises, responsável por um templo em uma ilha próxima a Tróia, pede a Agamêmnon que ele devolva sua filha, raptada em uma incursão guerreira. O rei se nega, e o sacerdote ora a Apolo, que lança uma peste contra o acampamento grego. Agamêmnon vê-se forçado a devolver a cativa, mas, em troca, exige outra dos seus pares. Em face da indignação de Aquiles, o chefe decide tomar uma cativa do próprio Aquiles, que, revoltado, pára de combater. Em *Hécuba*, de forma inversa, uma cativa é responsável, num primeiro momento, por um conflito entre aliados e, posteriormente, por uma discussão entre inimigos. Agamêmnon e Aquiles, novamente, estão no centro dos acontecimentos.

Eurípides, todavia, parece querer deixar-nos no escuro quanto ao seu Aquiles. E o nosso desejo por um maior esclarecimento não é vazio, afinal de contas Aquiles, na *Ilíada*, é uma personagem assaz complexa. Em primeiro lugar, a questão da parada da armada na Trácia e a ausência de ventos: é Aquiles ou algum deus que os contém? Depois, o dourado das suas armas (e da taça usada por Neoptólemo no sacrifício): será isto apenas a reprodução de um motivo épico e lírico, numa peça em que, contudo, o ouro se vincula indissociavelmente ao crime? Por fim, a exigência: o herói exige uma virgem qualquer ou Polixena? Portanto, realmente é de um fantasma que aqui se trata, ou seja, de uma entidade e de um discurso razoavelmente indeterminados.

Já o próprio sacrifício de Polixena remete-nos para um outro evento capital da guerra de Tróia: a morte de Ifigênia. Quando os gregos se reuniram para navegarem rumo a Tróia, aportaram em Áulis e de lá, por interferência divina, não conseguiram mais sair. Instaurou-se uma calmaria que só cessaria se Agamêmnon imolasse sua filha, Ifigênia. A guerra de Tróia, assim, começa e termina com o sacrifício de uma virgem inocente.

O início de *Hécuba*, portanto, gira em torno do destino da jovem Polixena. Vale notar aqui que *Hécuba* e *Troianas* são peças que se articulam em torno de personagens femininas. Por que é comum que às mulheres seja conferido o destaque principal em tantas tragédias (*Antígona* é paradigmática), quando, na vida cotidiana ateniense, a situação da mulher, em especial daquelas das classes superiores, era tão diversa? As mulheres não eram consideradas cidadãs e viviam no fundo da casa, em dependências reservadas exclusivamente para elas. Não se sabe nem ao certo se a elas era facultada a entrada no teatro; de qualquer forma, é bastante provável que o público tenha sido majoritariamente masculino.

A questão acerca da qualificação da mulher nas tragédias, de modo geral, e em Eurípides, de modo particular, é polêmica. Para alguns, o modo como elas são figuradas acaba por apresentar um exemplo de conduta a ser evitado, fortalecendo o *status quo*, a oposição entre homens e mulheres e a superioridade dos primeiros. Uma leitura possível de *Hécuba*, por exemplo, é identificar no sacrifício de Polixena uma barbarização dos gregos, na postura da princesa troiana na hora da morte a sua masculinização – a adoção de valores prescritos ao soldado ateniense, qual seja, o destemor diante da morte – e na ação de Hécuba, na segunda metade da peça, o extremo a que pode chegar uma mulher cujas paixões não são controladas (por um homem). Esta seria, *grosso modo*, a leitura dos intérpretes que destacam uma possível função didática da tragédia, qual seja, a de elogiar (maldizer) as ações que seriam recomendadas (desaconselhadas) aos cidadãos atenienses.

Focalizemos, entretanto, uma declaração de Hécuba acerca da multidão de soldados helenos que assistiram ao sacrifício de Polixena: ela teme que a multidão corrompa o cadáver da filha (604-608). Alguns versos antes, a rainha perguntara ao mensageiro grego se sua filha havia sido tratada com respeito ou como um inimigo (515-517). Taltíbio, então, relatara detalhadamente o modo como se dera o sacrifício (518-582), enfatizando a admiração do exército para com a nobreza e a coragem de Polixena, bem como o respeito que os soldados demonstraram pela vítima compulsória; o clímax da narração, entretanto, são os atos da princesa imediatamente anterior e posterior ao golpe desferido por Neoptólemo.

Polixena se desnuda de um modo inédito se a compararmos às virgens imoladas nas tragédias gregas que nos restaram; Taltíbio descreve com rara minúcia anatômica o quanto de seu corpo ela pôs à vista de todos. Após o golpe, porém, ela consegue cair de forma recatada. Os gestos da garota, portanto, são eróticos, instigando e depois refreando o ímpeto sexual dos homens que assistem ao espetáculo? Ou serão os de um herói na hora da morte? No final das contas, a riqueza de detalhes da narração do mensageiro pretenderia apenas evocar a piedade do espectador da tragédia ao tornar a cena da morte mais patética?

Para os soldados, segundo Taltíbio, determinante é a coragem com que Polixena se oferece à morte. Desse modo, ela se revela a imagem feminina de Aquiles, a jovem que, no auge da sua beleza física e da sua perfeição "guerreira", marcha conscientemente rumo à morte. Para Hécuba, porém, esse heroísmo é motivo de dúvidas: qual o valor da beleza aposta à dor (382-383)? Ela realmente transforma inimigos (os helenos) em amigos? Hécuba parece perceber, nos gestos de Polixena, o fundamento da força feminina, sua sexualidade. É esta força que ela menciona a Agamêmnon (886-887) através de dois exemplos paradigmáticos da imagem da mulher na Atenas do século V a.C.: as Danaides e as mulheres de Lemnos[5].

Desse modo, devemos nos perguntar até que ponto o sacrifício de Polixena não reproduz um casamento conspurcado entre ela e Aquiles. No período helenístico, há textos que constroem uma história de amor entre o herói e a troiana. Mesmo que tal história tenha sido inventada, de alguma forma ela está contida na tragédia de Eurípides. As motivações do sacrifício permanecem indeterminadas. O que a princesa mostra, entretanto, é que ela possui, ao mesmo tempo, as mais admiradas virtudes, físicas e morais, de um homem e de uma mulher.

A RETÓRICA

Há uma longa e influente tradição interpretativa que lê, nas tragédias de Eurípides, uma emotividade e um raciona-

---

[5] Acerca das Danaides e das mulheres de Lemnos, cf. as notas aos respectivos versos.

lismo, ao mesmo tempo, exacerbados e incompatíveis. A emotividade seria oriunda de uma tentativa de envolver os espectadores por meio de um manuseio fácil das suas emoções através de situações patéticas; o racionalismo, do flerte do autor com a intelectualidade da sua época, em especial com os chamados "sofistas". Ambas as características seriam marcas da decadência verificada nas suas tragédias, em especial quanto ao equilíbrio clássico de Sófocles.

O racionalismo de Eurípides se revelaria, sobretudo, nas disputas entre personagens cujos discursos estão eivados de temas e figuras de linguagem típicos de uma técnica cujos fundamentos começaram a ser estabelecidos no século V a.C., a retórica. Em três instantes, Hécuba vê-se envolvida numa disputa retórica: ao tentar convencer Odisseu de que Polixena não deveria ser sacrificada; na busca do apoio de Agamêmnon para a vingança contra Polimestor; e na defesa de sua ação contra o trácio diante de Agamêmnon. Na primeira altercação, Hécuba é derrotada por um mestre da retórica, Odisseu; na segunda, ela é bem sucedida pela metade, já que Agamêmnon apenas concede que ela proceda com o que tem em mente, não se tornando um aliado ativo; na terceira, sua vitória é total, pois não deixa que nenhum argumento de Polimestor se sustente. Este, pelo menos, é o quadro aparente.

Durante toda a peça, porém, somos confrontados com os limites da validade e da eficácia do discurso e da ação; discurso e ação paralelos nem sempre têm o mesmo valor ou alcance. É Hécuba quem convence Agamêmnon, ou ele, apaixonado por Cassandra, desde o início da peça se mostra inclinado a favorecer o lado de sua concubina — até o limite em que seu prestígio não seja prejudicado? É Hécuba quem revela a essência bárbara de Polimestor, ou a sua pressa, motivada pela ganância, em entrar na tenda da rainha e o seu comportamento bárbaro diante do rei grego? Hécuba parece se assemelhar a Odisseu à medida que usa, com uma eficácia, à primeira vista, crescente, a arte da persuasão? Ou será o sucesso crescente dos atos que confere força ao discurso, cuja eficácia, de fato, seria sempre a mesma? Resumindo, a relação entre o discurso e a ação, um motivo tão antigo quanto os poemas homéricos e de extrema importância, por exemplo, no discurso político, prática essencial da Atenas democrática na época de Eurípides, perpassa toda a peça.

A justiça e os deuses

No universo grego, a história da justiça é uma história de aproximação e separação entre as esferas divina, na qual se destaca Zeus, e a humana. Nas sociedades que viram desaparecer o poder monárquico e diminuir a importância da nobreza, ou seja, uma situação em que o poder laico paulatinamente deixa de ser dependente de crenças religiosas, coloca-se a questão sobre quais seriam os fundamentos a garantir a justiça; Homero, Hesíodo, Sólon e os trágicos nos legaram importantes testemunhos deste trajeto.

Qual é a visão apresentada por *Hécuba*? Existem leis que deveriam valer para todos os homens, de todas as culturas? Qual o seu fundamento? Quem garante a eficácia de tais leis? Não por acaso, um dos trechos da peça de mais difícil

Introdução

interpretação diz respeito justamente a tais indagações, enunciadas pela personagem-título:

> Agora nós somos escravos e talvez sem força;
> mas têm força os deuses e o que sobre eles tem poder,
> a lei (*nómos*): por meio da lei (*nómos*) cremos nos deuses
> e vivemos distinguindo as coisas injustas e justas;
> se ela, estando nas tuas mãos, for eliminada,
> e não pagarem sua pena aqueles que matam
> hóspedes ou ousam pilhar as coisas sacras dos deuses,
> não há nada daquilo que, entre os homens, é seguro.
> (798-805)

O problema do trecho diz respeito à exata interpretação de *nómos*. Este é mais um dos termos da língua grega que não possuem equivalente exato nas línguas modernas capaz de recobrir todos os seus diversos significados, no caso, sobretudo "lei" e "costume".

Nómos, como não poderia deixar de ser, em vista do enredo da peça, é um termo recorrente nesta tragédia. Nos versos 291 e 866, seu significado é o de lei criada pelos cidadãos e tornada pública através da escrita. No verso 974, trecho que, para alguns filólogos, é espúrio, trata-se de um costume socialmente aceito e seguido. Já no verso 847, outro trecho de difícil interpretação sintática e, portanto, objeto de alterações por parte dos editores, a referência é ou bem às leis que regem o cosmo ou bem à lei entendida quase como sinônimo de justiça.

No verso 800, qual será, dentre os apresentados, o significado de *nómos*? Em primeiro lugar, o sujeito de "somos" é ambíguo: aparentemente, ele se refere a Hécuba (plural majestático) ou às troianas; todavia, tendo em vista que se contrapõe a "deuses" e "lei", não parece se referir somente às troianas, mas aos mortais de modo geral. Em seguida, qual a relação entre os "deuses" e a "lei" que sobre eles tem poder? Finalmente, *nómos* ocorre duas vezes no verso 800: terá, nas duas vezes, o mesmo sentido? Desnecessário dizer que as interpretações propostas são várias; não cabe aqui arrolá-las nem tomar partido por uma delas. O mais importante é que fique claro que Hécuba, no afã de tentar convencer Agamêmnon, invoca a esfera divina, afirmando que, de algum modo, a justiça se relaciona com o poder dos deuses.

Qual é, porém, o peso dos deuses nessa peça? Numa primeira impressão, julgamos que sua intervenção, direta ou indireta, é mínima, se comparada com outras tragédias de Eurípides. Será mesmo?

Tomemos uma outra ocorrência de *nómos*, desta feita num sentido bastante diverso: "melodia, modo musical". Hécuba, no verso 685, assim que percebe que o cadáver encontrado pela serva é de seu filho morto, dá início à "melodia báquica". Literalmente, Hécuba está apenas se referindo ao metro que usará nos trechos de lamentação que segue. Entretanto, não há como deixar de supor que algo mais aqui ecoe. "Báquico" refere-se à qualidade extática dos lamentos de Hécuba, ou seja, um momento de paroxismo. O adjetivo, entretanto, também costuma remeter a Dioniso.

Dioniso, o deus da tragédia, deus da máscara e da metamorfose, é mencionado apenas uma única vez (1267), quando Polimestor revela quem lhe transmitiu a profecia acerca do destino de Hécuba e Agamêmnon. Entretanto,

Introdução

durante toda a peça, especialmente na sua segunda metade, as personagens agem por meio de práticas tipicamente dionísicas ou são atingidas por elas, sobretudo no que diz respeito ao corpo: dilacerações, metamorfoses, selvageria e loucura atingem tanto Hécuba e suas companheiras quanto Polimestor. Deste modo, onde, num primeiro momento, parece desenrolar-se uma ação em que todas as motivações são humanas — entre elas, um determinado senso de justiça —, pode-se, eventualmente, perceber um modo de ação ou uma intervenção divinas.

Por conseguinte, é possível uma leitura menos maniqueísta do final da peça. Várias gerações de críticos perceberam na metamorfose de Hécuba em cadela, anunciada no êxodo, a punição por seu ato descomedido. Ora, as mudanças que atingem a rainha não só iniciam antes da metamorfose propriamente dita — para aqueles críticos, trata-se simplesmente de uma desumanização progressiva —, mas, desde o início, processa-se sob a égide de Dioniso. O termo *nómos* utilizado em 685, portanto, traz consigo a ambigüidade do próprio ato: ele é motivado pela paixão e pela razão; encontra-se entre a justiça cósmica, a legalidade humana e o costume imemorial.

A atuação dos deuses não se limita a Dioniso. Ela já começa no início da peça, quando Polidoro menciona a benevolência dos deuses ctônios, que permitem que ele solicite à sua mãe que o enterre. Tanto Polidoro quanto Aquiles, aliás, ligam-se, de várias maneiras, à esfera divina. Aquiles recebe uma aura divina ou sobrenatural não só a partir do modo como aparece aos helenos, mas também em virtude do que causa à armada. Nessa peça em que não são poucas as incoerências, ambigüidades e incertezas, por que, em nenhum momento, se diz claramente que Aquiles é responsável pela calmaria que impossibilita aos barcos zarparem da Trácia? Basta ler os versos 37-39, 109-115 e 538-541 ao pé da letra para ter dúvidas sobre a ação mesma de Aquiles: na verdade, o que reteve os aqueus não foi apenas a lealdade do exército para com ele, o dever de conceder-lhe o que solicitava? Assim como o sacrifício de Ifigênia, as motivações do sacrifício de Polixena são ambivalentes, entre humanas e divinas.

Agamêmnon, porém, no verso 900, menciona claramente que é um deus que não envia ventos favoráveis. A interpretação mais consistente é a de ver nisto referência a uma certa permissão dos deuses para que Hécuba realize seu intento. Entretanto, não podemos deixar de ter em vista que tal sugestão é feita por uma personagem, e, fazendo-a, não só enuncia algo objetivo sobre os eventos em questão, mas também indica algo sobre si mesma.

Agamêmnon, Odisseu e Aquiles: três chefes aqueus. Os dois últimos, em comparação a Agamêmnon, são impiedosos, embora o primeiro o seja de uma forma pretensamente limpa, política, e o segundo esteja circundado por uma aura numinosa. Já Agamêmnon é quem está mais próximo de sentir uma piedade autêntica pelas troianas, embora sua motivação seja tão egoísta quanto a de Aquiles (neste ponto, Odisseu se distingue positivamente, pois age tendo em vista o coletivo), a saber, sua paixão por Cassandra. Desde o instante em que Aquiles exige seu prêmio, Agamêmnon procura encobrir as motivações privadas de sua opção que, todavia, atinge a coletividade. Quando uma personagem invoca um deus, portanto, também pretende apontar para uma dimensão que ultrapassa o interesse privado da sua própria ação.

Assim, não é por acaso que Dioniso preside o desenrolar dos acontecimentos. No panteão grego, ele é o deus responsável pela quebra de fronteiras demasiadamente rígidas. Homem e mulher, privado e público, humano e animal, sagrado e profano, belo e feio, ação e sofrimento, são várias as dimensões que norteiam a vida do homem que, ao se encontrarem explicitamente sob a influência de Dioniso, revelam que suas fronteiras, a princípio garantidoras de estabilidade e segurança, são meras ficções passíveis de rompimento.

Necessidade e fortuna

Não só em *Hécuba*, mas também em *Troianas*, as mulheres de Tróia, prisioneiras de guerra, precisam defrontar-se com uma nova, recém-adquirida marca social, a escravidão; por conseguinte, é-lhes quase impossível uma ação que ainda tenha algum valor. Em ambas as peças, a escravidão relaciona-se à mudança de fortuna (*týkhe*), pois antigos membros da realeza vêem-se convertidos, de uma hora para outra, no seu oposto social, em escravos. Conseqüentemente, as mulheres tecem indagações tanto sobre o passado – como foi possível tal reversão de fortuna? – quanto sobre o futuro – será suportável o jugo da necessidade (*anánke*)?

Polixena, em *Hécuba*, rejeita o futuro e, pagando o preço de sua morte, consegue sustentar seu antigo *status*. A peça, entretanto, não deixa de colocar em dúvida tal obsessão da glória. Polidoro, por exemplo, lança mão da sabedoria popular ao vincular a queda da mãe à atuação de um deus (55-58): não há como o homem ter sucesso durante toda sua vida. Isto aparece em uma imagem da *Ilíada*, no Canto XXIV, segundo a qual Zeus faz uso de dois vasos, um contendo alegrias, o outro, pesares: para alguns homens, ele concede uma mistura dos dois; para outros, ele destina somente males. Mas nenhum alcança somente alegrias; isto está reservado aos deuses.

Tal percepção, de fato, convida à resignação, e ela realmente ocorre no Canto XXIV da *Ilíada*. Mas não em *Hécuba*. Tanto Polixena quanto Hécuba procuram, de formas diversas, escapar do que lhes é destinado. Entretanto, não é fácil identificar qual das duas age de modo ("mais"?) livre (*eléutheros*).

Polixena tem duas opções, ambas refletindo constrições da necessidade. Se quiser continuar viva e optar pela súplica junto a Odisseu, terá de se submeter à necessidade própria da escravidão (*anánke*, 362); caso contrário, se aceitar o sacrifício, colocar-se-á à disposição do poder do mais forte (*anánke*, 346). Assim, ela própria diz que morrerá como escrava, mas, no instante do sacrifício, ao solicitar que os guardas a soltem, afirma que morre livre, termo que utiliza duas vezes no mesmo verso (550).

Mas qual é a liberdade presente neste ato? Nos sacrifícios de animais, até mesmo o boi morre "livre": sobre a sua cabeça eram lançados grãos de cevada, com o que ele mexia a cabeça, sinal que era tido como de consentimento. A própria Polixena, por diversas vezes, é comparada a um animal. De fato, em nenhum momento, deixamos de nos lembrar de que tal sacrifício é irregular, justamente por meio da utilização de procedimentos rituais conhecidos num sacrifício, que, porém, é humano. Mesmo Hécuba não deixa de sofrer ao ouvir como se deu a morte da filha (589-592). Embora tenha em mente a nobreza e a constância do caráter de Polixena, crê que tal raciocínio tenha sido vão (603). Nada é pior do que a dor; esta não é mitigada nem pela riqueza – o principal qualificativo da casa real troiana – nem pela honra – conquistada, por exemplo, pela atitude derradeira de Polixena (623-625). Venturoso é somente aquele para quem nada de mal acontece (627-628); não é o caso da mãe nem da filha.

Tal opinião, entretanto, é apresentada por Hécuba; é através do seu ponto de vista que somos informados dos eventos. Cabe a nós decidir, dentre os juízos que cada uma apresenta, onde se manifesta, de fato, a liberdade. De um lado, a manutenção do *status quo*, mesmo que acompanhada pela morte; do outro, a manutenção da vida, que aceita a utilização de quaisquer ardis. Hécuba quer preservar a vida de Polixena e se enfurece quando descobre que Polidoro está morto. A mãe que faz tudo pelos filhos, no final da tragédia, só é atingida emocionalmente pelas profecias de Polimestor quando ele anuncia a morte de Cassandra.

Tanto Polixena quanto Hécuba são cerceadas pela necessidade; ambas, porém, divisam táticas diversas para se manterem como seres humanos, ou seja, como agentes. Quanto ao valor de suas ações, a rede montada por Eurípides permite uma diversidade de interpretações, o que mostra a história da crítica da peça, sobretudo a mais recente.

Troianas

O maniqueísmo freqüente na crítica e as complicações advindas de uma leitura mais atenta e contextualizada repetem-se em *Troianas*. À primeira vista, a "mensagem" da peça parece ser a condenação do poder estéril do mais forte, ou seja, dos gregos, ao ser usado arbitrariamente contra alguém bem mais fraco, as troianas, ou, de forma mais particular, a condenação de toda e qualquer guerra. Tal tese encontrou apoio histórico num episódio da narração da guerra do Peloponeso feita por Tucídides, a conquista de Melos pelos atenienses, quando, na sua totalidade, a população masculina da ilha foi dizimada e a feminina escravizada. O cidadão Eurípides, na Atenas de 415 a.C., teria sido contrário ao aniquilamento de Melos, o que ele então representou na sua trilogia do mesmo ano. Se há ou não uma impossibilidade cronológica de o massacre de Melos ter influenciado Eurípides na composição de sua peça, tal diatribe permanece em aberto. A meu ver, o mais importante é que, embora as tragédias gregas tenham caráter profundamente histórico (isto é, embora sejam marcadas por preocupações contemporâneas), a busca de referências diretas é um método que pouco auxilia a esclarecer uma peça, e, na melhor das hipóteses, delimita em demasia sua interpretação.

O prólogo

O prólogo (1-97) nos apresenta de imediato um dos principais problemas do texto: serão os gregos os vilões e os

Introdução

troianos as vítimas? O movimento que aqui se inicia é claro. Os sofrimentos que atingirão os gregos, no que diz respeito à seqüência em que são mencionados ao longo de toda a peça, decrescem em intensidade: aniquilamento da armada grega causado pelos deuses; "tragédia" no palácio de Agamêmnon, que será morto pela esposa, Clitemnestra, em conluio com o amante, Egisto; errância de Odisseu, que muito padecerá até chegar à sua pátria; condenação duvidosa de Helena pelo marido Menelau. Já o sofrimento pelo qual passam os troianos cresce, no mínimo, em termos dramáticos. Nisto estaria a chave para se compreender os mecanismos de justiça configurados, os quais se manifestariam aos espectadores, mas não estariam ao alcance da compreensão dos troianos. Os gregos serão, no mínimo, parcialmente punidos pela sua desmedida, embora disso só saibam os deuses e Cassandra, enquanto as troianas pressentem que a vil Helena escapará impune. Haveria, portanto, uma justiça pelo menos parcial, embora não se mostre a todos.

A teia construída, porém, é mais complexa. Se quisermos nos ater somente ao prólogo, devemos perguntar-nos o que fazem os deuses neste trecho. Ora, Posêidon, aliado dos troianos, vem se despedir da sua cidade, e Atena, antiga aliada dos gregos, vem anunciar uma vingança. A segunda pergunta, portanto, emerge deste encontro: o que fazem esses dois deuses juntos?

Duas são as funções dramáticas do monólogo de Posêidon que inicia a peça: uma é permitir que os espectadores se localizem espacial e temporalmente; outra é frisar a desolação de Tróia, encenando a separação entre um deus e a cidade que lhe é cara. O deus lamenta o destino funesto da cidade e se prepara para partir, temendo o contato com algo impuro.

A partida de Posêidon, entretanto, é retardada pela chegada de Atena. A querela entre os dois é imediatamente dissolvida, e para isso há apenas um motivo: Atena, uma deusa, foi desrespeitada; a Posêidon, um deus, cabe auxiliá-la na recuperação da reverência dos mortais. Neste sentido, o que é acentuado é a distância entre os deuses e os humanos, enunciada nos versos que encerram a participação dos deuses (95-97):

> Louco é o mortal que saqueia cidades,
> templos e túmulos, dos finados o sagrado:
> talando-os, ele perecerá depois.

A própria reconciliação entre Posêidon e Atena, que, ao longo da guerra, defendiam lados opostos, é espantosamente rápida; ela mostra os deuses bastante próximos entre si e muito longe dos humanos. O "mortal" comete o erro de subverter a ordem religiosa, divina. O homem é "louco" porque se crê imortal.

O prólogo das *Troianas*, de forma mais radical do que a épica homérica, busca encenar a total separação entre homens e deuses, apagando, inclusive, os louros da vitória alcançada pelos gregos. Não mais entrarão em cena os deuses. Eles se movimentaram apenas entre si. Todo espaço de ação é conferido aos homens. Entretanto, a esfera divina continua a fornecer uma perspectiva para a reflexão exercida pelas personagens.

A causa da sorte funesta que atinge os troianos, além disso, também deve ser procurada nas suas próprias ações:

os troianos não são puramente vítimas inocentes. Não se trata apenas de arrolar crimes, como a quebra dos laços de hospitalidade por Páris, quando foi hóspede de Menelau em Esparta e conquistou sua esposa, mas de um mecanismo mais sutil: por que os troianos aceitaram o cavalo de pau? Esta atitude e sua desconstrução gradual vão sendo esboçadas durante toda a peça na fala de várias personagens.

Cassandra: o casamento

Cassandra é uma personagem complicada por dois motivos principais além do próprio texto. Eurípides, bem como os outros trágicos, busca não só inspiração, mas também movimentos polêmicos, em relação a representações anteriores do mesmo mito por outros tragediógrafos. Cassandra fora representada de maneira magistral por Ésquilo no seu *Agamêmnon*. É necessária, portanto, uma cuidadosa comparação entre a representação da profetisa em ambas as tragédias. Além disso, Cassandra também é uma das personagens principais da tragédia *Alexandre*, da qual, infelizmente, temos apenas alguns fragmentos. Assim, algumas informações dadas sobre a princesa na primeira peça devem estar ausentes da terceira.

Como entender a "loucura" de Cassandra? Ao contrário da personagem de Ésquilo, marcada quase que exclusivamente por Apolo, a Cassandra de Eurípides também encontra-se sob a esfera de Dioniso. Ora, as complicadas relações entre os dois deuses ainda estão longe de ter sido esclarecidas pelos estudiosos da religião grega, o que dificulta a compreensão das componentes religiosas que determinam a personagem.

O principal elemento do frenesi da profetisa ao entrar em cena é a celebração solitária do que ela chama de casamento com Agamêmnon; na verdade, o rei a escolhera como mera concubina. Cassandra utiliza vários traços típicos do rito do casamento nessa cena. Para Hécuba, todavia, as tochas brandidas pela filha, elemento importante na procissão que abria o cerimonial do casamento, são funestas e deveriam ser trocadas por lágrimas. A rainha põe em palavras aquilo que a performance de Cassandra teria provocado nos espectadores de seu ritual: é impróprio para a noiva carregar seu próprio facho; quem o faz é a mãe.

Cassandra, na sua performance, utiliza signos que pretende valorar de modo fundamentalmente positivo, procurando uma separação radical entre o salutar e o danoso, o alegre e o triste, o casamento e o luto. Todavia, os signos de que ela faz uso mostram-se ambivalentes. Na verdade, as manifestações de Cassandra revelam que ela procura mostrar que o negativo, na verdade, é positivo. É contra isto que se volta Hécuba no verso 466: "não é amado o não amado". O canto de Cassandra, porém, não é inocente. Ela pretende uma divisão de papéis e de ritos: para a mãe, o luto; para ela, as bodas. Todavia, o ritual do casamento grego apresenta inúmeros traços em comum com as práticas fúnebres. Não se trata apenas da utilização de procedimentos rituais comuns, como a procissão noturna com tochas, mas o próprio imaginário os aproxima. Na arte e na literatura gregas, o amor e a morte amiúde aparecem como dois aspectos do mesmo poder.

Introdução

Cassandra: a vingança

Em primeiro lugar, sugerimos ao leitor que reflita sobre as diferenças e as semelhanças entre a Cassandra de *Troianas* e a Polixena de *Hécuba*, já que ambas ocupam o primeiro episódio das respectivas tragédias, são virgens que não serão possuídas sexualmente por aqueles que as reivindicam e se apresentam como heroínas: em que medida as configurações dramáticas de ambas, portanto, podem se iluminar mutuamente?

Cassandra constrói três discursos bem demarcados, tanto quanto ao conteúdo como quanto à forma. A sua segunda grande fala (365-405) tem sido lida como a parte fria, excessivamente racional da cena, ou então como o trecho "são" que explicaria a alegria "louca" inicial. Salta à vista que este trecho contém uma quantidade expressiva de elementos típicos da oração fúnebre ateniense, o discurso público realizado em Atenas por ocasião das cerimônias fúnebres que homenageavam os que morriam em combate, tornando-se uma instância privilegiada para a cidade expor seu passado, presente e futuro, todos ideologicamente matizados, aos seus próprios cidadãos. Todavia, ao contrário da oração fúnebre, que pretende criar discursivamente uma idealidade distante da realidade, idealidade que permite aos ouvintes do discurso uma certa reação prazerosa, ao monólogo de Cassandra se sucedem apenas manifestações de desagrado, embora também ela procure apresentar uma situação possivelmente idealizada.

A mais assombrosa pretensão de Cassandra é querer mostrar que Tróia é mais abençoada do que os gregos, à medida que pertence à cidade e aos troianos "a mais bela glória". A utilização do termo "abençoado" primeiramente remete, todavia, ao autopropagado e autocelebrado casamento de Cassandra. Tal casamento, porém, rapidamente se transmuta em um fato guerreiro, agonístico, vingativo. Mesmo antes de Cassandra dizer que falará fora de baqueumas, ou seja, fora de um êxtase dionísico, ela anuncia uma vingança a ser concretizada. Mais adiante, ela então vincula seu casamento à lista que inclui os feitos heróicos de seus irmãos. Como no caso deles, a morte coroará seu ato.

Não é a realidade percebida por Hécuba e pelo coro o que vislumbra Cassandra. O ângulo pelo qual descreve os acontecimentos não enfoca nem a destruição de Tróia, nem a morte física dos irmãos e demais homens, nem o fato de se dirigir a Argos como mera concubina do rei. Para além da realidade imediata do aniquilamento, o que Cassandra decide evocar é o seu casamento bem-sucedido e a glória da cidade e de seus mais ilustres membros. Mas, se para os guerreiros mortos celebrados pela oração fúnebre ateniense a felicidade provém de um renome eterno auferido graças à imortalidade da cidade, Cassandra supera a autocelebração de Atenas, na medida em que não há mais cidade visível a ser celebrada.

Assim, a profetisa se impõe como uma agente por excelência. Agamêmnon é figurado menos como o varão que a desposa do que como a vítima derradeira da guerra. Com isto, a alteridade de Cassandra passa a ser também sexual, pois ela não se comporta como uma mulher passiva, mas como um homem ativo. A entrada de Cassandra, impositiva, já aparece como uma ação; suas ações atendem a todos

Introdução

os critérios de uma ação masculina. Cassandra mostra-se como homem ao fazer-se oradora de uma oração fúnebre. Vencedora, com sua morte separa-se das mulheres e junta-se aos homens mortos, vencedores. Finalmente, Cassandra também se masculiniza ao compor um epinício, um canto de louvor, que se opõe ao treno marcadamente feminino de Hécuba.

Cassandra, ao tecer seu discurso, estabelece ligações entre as três dimensões temporais. O passado explica um futuro cru e obscuro: seu canto presente pretende mostrar que, assim como as ações dos irmãos — os feitos guerreiros de Heitor; o casamento glorioso de Páris —, a de Cassandra é uma ação guerreira e portadora de glória. Além disso, o futuro potencializa o passado: as ações de Heitor e Páris não foram vãs nem terminais, pois contribuíram para a conquista da glória que tem seu fechamento, seu coroamento, em Cassandra.

Andrômaca e suas ilusões

Quanto a Andrômaca, seu movimento é oposto — seu casamento terminou — e similar — ela percebe o Hades, o destino mítico dos mortos, como um lugar desejável — ao de Cassandra. Em um estado marcado por perdas, Andrômaca tece uma súplica para Heitor: que ele venha e a ponha para dormir no Hades. Andrômaca o invoca como esposo. De fato, as duas dimensões que mais fortemente marcaram a vida de Andrômaca foram anuladas: a cidade e seu marido.

Heitor não se encontra definitivamente morto para a esposa; Hécuba, desse modo, sente necessidade de lembrá-la da separação radical. Não se dá, porém, uma separação do Hades porque (quase) toda a paisagem presente é marcada pela perda e pela ausência. Portanto, uma dupla ausência — Tróia e Heitor — remetem Andrômaca para o reino dos mortos. Ela, porém, procura se desviar desta realidade acachapante, passando a invocar o esposo através de suas virtudes masculinas, relacionadas ao mundo público, sobretudo a guerra. Em seguida, para mostrar como seu destino é mais terrível que o da filha virgem de Hécuba, Polixena, ela faz um resumo e uma avaliação de sua vida de casada.

Todavia, sua postura muda quando lhe é anunciado que o único filho que teve com Heitor, Astíanax, será morto. Ela é novamente vítima de uma mudança: deixará de ser mãe. Ainda assim, ser-lhe-á ordenado que se comporte do mesmo modo como fazia quando era uma esposa ideal. Deve-se comparar o que Taltíbio pede de Andrômaca (726-737) com o que ela dissera de si mesma (590-683). Ela passará, porém, a falar e a agir de forma completamente diferente do que fizera anteriormente.

Não basta afirmar que a confrontação com a morte do filho marque o fim do luto de Andrômaca pelo marido; a separação radical já havia sido anteriormente percebida por ela (677). A ênfase não é no marido propriamente dito, mas nos valores que ele encarna. Se antes ele apenas possuía qualidades positivas, no mais alto grau, agora estas mesmas qualidades (coragem: 752; nobreza: 742 e 754) não mais operam ou, pior, mostram-se portadoras de desgraças.

Introdução

Também o seu casamento Andrômaca finalmente descreve como puramente infeliz (745-748). Na verdade, ela parece lamentar tão intensamente a morte do filho por ele ser o último traço positivo de um casamento que se pretendia perfeito e que de nada valeu (758, 760). É nesse sentido que se deve compreender o modo como ela se despede do filho e ruma à nau do seu novo homem. Andrômaca "aceita" seu novo "casamento" porque esta instituição deixa de ter, para ela, qualquer resquício de idealidade.

Helena: beleza

No extremo oposto das trajetórias de Cassandra e Andrômaca, temos Helena. Se há um conceito que perpassa todo o episódio, este é o da beleza. Ela é o elemento mais importante da disputa retórica entre Helena e Hécuba (914-1032).

As deusas – Hera, Atena e Afrodite – procuraram Páris para que este julgasse qual delas superaria as outras em *beleza* (931-932). Na argumentação de Helena, isto dá origem a outra duplicação: a *beleza* da Lacônia deixou Afrodite estonteada (929). Glorificar a beleza é também colocar Afrodite no centro do discurso. A deusa ofereceu Helena como prêmio a Páris. Afrodite saindo-se vitoriosa, não há como Helena escapar da sua vontade. Helena, assim, faz questão de lembrar que Afrodite não é uma deusa de menor importância, de pouco poder.

Hécuba, a seu turno, procura realizar a derrisão deste conjunto de argumentos pleiteando a inverossimilhança da exposição. O eixo do seu discurso será a desvalorização da esfera do belo. Hécuba subordina sua releitura do antropomorfismo dos deuses a uma depreciação do valor da beleza física para atacar Helena plenamente. Apesar de reconhecer que a beleza pode propiciar à mulher um bom casamento, o objetivo de Hécuba é muito mais indicar que ela apenas causa problemas, que é algo fútil, tanto para a mulher casada quanto para a virgem, duas vítimas possíveis da sedução masculina. Este também é o viés pelo qual descreve Afrodite. Essa deusa, aliás, Hécuba preferiria nem considerar (983).

E, na verdade, não considera. Afrodite é deslocada para um céu donde, tranqüila, não se move. O que o homem considera como Afrodite não passa das loucuras do seu próprio espírito; é isto, também, o que repete a moralidade popular. A imagem tradicional de Afrodite, assim, é, ao mesmo tempo, mais sublimada e mais vilipendiada do que as figurações que Hécuba faz de Atena e Hera.

Heitor, o herói

Se em *Hécuba* o retrato de Aquiles e, inclusive, o de Polixena, são ambíguos, o mesmo se dará, em *Troianas*, com um outro herói que já está morto, mas do qual muito se fala: Heitor. Dele se ocupam, sobretudo, Andrômaca e Hécuba; esta, em especial, na última parte da tragédia, o êxodo (1123-1332), quando é trazido o escudo do herói, no qual será enterrado Astíanax, seu filho.

O signo visível do problema é o escudo de Heitor. Como troféu, o escudo aponta tanto para a nobreza do combate no qual morreu o herói quanto para a excelência dos Priamidas. Ora, o escudo, valendo metonimicamente por Heitor, causava medo nos gregos; da mesma forma, foi o medo – irracional, conforme Hécuba – dos gregos em relação a Astíanax, temido por poder reconstruir Tróia, que os motivou a assassiná-lo. O escudo, portanto, justamente por ser amedrontador para os gregos, seria motivo de orgulho para os troianos; Astíanax, por outro lado, embora também causasse receio nos gregos, suscita nos troianos, depois de morto, apenas dor e revolta.

Temos, assim, dois signos geradores de emoções em descompasso. Quando são juntados o corpo do menino e o escudo do seu pai, uma cortante ambigüidade é inevitável. A ambigüidade, por sua vez, se reflete nas próprias atitudes de Hécuba, que primeiro (701-705) percebeu o neto como virtual perpetuador da raça e depois (1159-1166), tendo em vista a perspectiva dos gregos, censura aquela fantasia como inadmissível. Ela argumenta que o medo dos gregos seria injustificado porque, apesar do sucesso de Heitor, muitos troianos morreram e, por fim, a cidade foi tomada (1162-1165). Portanto, defende, por um lado, que um guerrciro não teria importância em face do conjunto da *pólis* (Heitor não fora suficiente para impedir o sucesso grego); por outro lado, afirmara antes que um homem sozinho poderia reerguer uma cidade.

Outro elemento problemático é a beleza – física e moral – que caracteriza o herói. Segundo a perspectiva de Hécuba, o ideal heróico expresso na epopéia, quando transposto para a cidade, parece deixar de funcionar como resposta para a fatalidade da morte, já que a beleza em questão – dos atos de Heitor, (dos adornos) do cadáver de Astíanax – seria insuficiente para configurar uma bela morte, pois que esta só existe no âmbito da *pólis*, e Tróia não mais existe.

De fato, as emoções e reflexões geradas pela morte e pela presença do cadáver de Astíanax impossibilitam a Hécuba emitir um discurso unívoco sobre (a morte de) Heitor. Ela não é coerente nem mesmo quando compara um inimigo, Odisseu, a seu filho. O termo de comparação são as armas dos heróis: o escudo do troiano seria mais digno de honrar do que as armas do grego.

Nos versos 1204-1206, Hécuba havia dito que, nos negócios humanos, impera o movimento aleatório e cambiante do destino, que salta ora para cá, ora para lá. Nada seria continuamente igual a si mesmo. Esta dinâmica já fora usada por Posêidon para descrever o comportamento de Atena, que, igualmente, salta para lá, depois para cá (67-68). Assim como ocorre com Atena, a língua de Odisseu redireciona o que está lá para cá e vice-versa (285-287). Ora, uma tradição presente na *Odisséia* e em textos posteriores apresenta Atena como a deusa que acompanha Odisseu. Assim, em *Troianas*, ele é duplamente vinculado à mutação própria do destino: diretamente e por meio de Atena. A fortuna, Atena e Odisseu partilham de uma mesma essência definidora, explicitada e reiterada pelo texto.

Em determinadas passagens, a própria Hécuba afirma que não é estúpido aquele que não restringe suas ações e seus discursos a um determinado instante, mas tem sempre em vista um intervalo maior de tempo. É justamente o modo como Odisseu procede em relação a Astíanax.

Mas a troiana e o grego também se diferenciam. Para Atena (59-68) e Odisseu (287-288) – e, com os senões já discutidos, para Cassandra –, que não agem tendo em vista apenas uma dimensão temporal, algo pode ser amado e não-amado, glorioso e dorido. A ambivalência das palavras e das ações, porém, não é facilmente assimilada por Hécuba.

Se temos em vista somente as *Troianas*, desconsiderando o restante da trilogia, não podemos, portanto, apontar Odisseu como um vilão sem nuances. Odisseu e Atena são mencionados, sobretudo, para realçar o mecanismo próprio da fortuna, que não diferencia vencedores e derrotados. Além disso, vale notar que Helena também é uma personagem que se comporta como a fortuna e, justamente por isso, é criticada por Andrômaca (668) e Hécuba (1004-1009).

Ação e liberdade

Em *Troianas*, não há, do lado dos troianos, uma vingança a ser perpetrada. De forma diversa de *Hécuba*, é o aniquilamento sofrido que aponta para uma certa força que o homem ainda pode buscar mesmo quando em total desvantagem. O que tremeluz é um tipo de liberdade independente da *pólis*, já que ser livre (*eléutheros*) era uma capacidade tida tradicionalmente como criada e usufruída somente no âmbito da *pólis* e de seus *nómoi*.

A escravidão é uma manifestação das reviravoltas próprias da fortuna. Ela não é retratada como um mal radical: como pior do que a escravidão pode ser encarada a morte (178-181); há a possibilidade de uma "afortunada sina" para uma escrava (244-245); a notícia da morte de Polixena provoca, em Hécuba, comoção maior do que sua pretensa servidão ao túmulo de Aquiles; Ganimedes é servo de Zeus, mas passeia "gracioso" (819-822), ao contrário de Hécuba, cujo pé, anteriormente "gracioso", agora é "escravo" (506-507).

Escravidão e fortuna. Ambas podem atingir qualquer pessoa, colocando sua vida de cabeça para baixo. Dos poetas trágicos, Eurípides é o que mais se preocupou com a ingerência da *týkhe* nos negócios humanos. Em *Troianas*, também o comportamento dos deuses não é independente de seus mecanismos. Aos homens nada resta senão assumir determinada postura em face dos acontecimentos. É necessário saber lidar com a *týkhe*. É o que indica um fragmento de Eurípides: "aquele que mais belamente carregar os golpes da fortuna dos deuses, este varão é sábio".

Em *Troianas* é encenada a quase impossibilidade de se suportar a perda de todas as atividades e objetos sobre os quais se apóia a excelência, os quais, entretanto, por natureza, são vulneráveis. Hécuba deixa de ser rainha, mãe e esposa; Cassandra não é mais profetisa; Andrômaca, a esposa ideal; Heitor, o guerreiro e comandante que garante a segurança de sua cidade e família; Astíanax, o perpetuador da dinastia. Entretanto, Cassandra, Andrômaca e Hécuba ainda perseguem um derradeiro momento que lhes confira alguma sustentação. Em vão. A morte, a interrupção da continuidade, sobre tudo lança sua sombra. De certa forma, assemelha-se à fortuna, marcada pela conclusão de uma situação passada, mas cujo traço principal é a indeterminação própria do futuro. É a onipresença da *týkhe* que acaba revelando Odisseu e Helena como "vilões" dotados de um certo caráter positivo, já que não procuram impor algo imortal nos negócios humanos intrinsecamente mortais: eles conseguem preservar suas vidas apesar das ameaças que sofreram; eles navegam procurando as sinuosidades próprias do trajeto da *týkhe*.

Entretanto, falta a Helena e a Odisseu um traço essencial da excelência: a piedade. Em *Troianas*, a piedade, do lado dos aqueus, é demonstrada unicamente por Taltíbio, um mero servo dos senhores gregos. *Troianas* reproduz um traço da *Ilíada*: demonstrações de generosidade desinteressada são raras.

Não deve causar estranheza, portanto, que o mensageiro se comporte de forma análoga ao coro de algumas outras peças. Em *Troianas*, o coro está sempre do lado de Hécuba contra os gregos. Taltíbio, todavia, ocupa, de modo geral, uma posição intermediária, caracterizada, portanto, por um comportamento não-heróico, ou seja, não comprometido, até as últimas conseqüências, com uma das partes em litígio. Seus comentários são ingênuos, manifestações típicas da moralidade popular. Nas falas das troianas, a natureza aparece contida no cerne mesmo da civilização; nas manifestações de Taltíbio, é expressa a opinião popular de uma separação simples e absoluta entre o natural e o civilizado. Sempre que ele se encontra próximo de desmentir, ele mesmo, esta ilusão, ele se cala ou faz uso de subterfúgios, como quando apenas alude ao sacrifício de Polixena (264-271).

Sua função, como mensageiro, é trazer falas novas. Entretanto, a conseqüência, sobretudo dramática, destas falas não é a de acrescentar, paulatinamente, um elo a mais à interminável cadeia de sofrimentos das troianas, em especial, de Hécuba, mas, através de informações e ordenamentos, a de quebrar expectativas e permitir o vislumbre de aspectos até então não enfocados de uma questão. Isto ocorre em relação a Cassandra, a Andrômaca e a Astíanax. O que Taltíbio amiúde quer é apresentar um lado positivo do sofrimento impingido pelos gregos; suas intervenções, porém, acabam abrindo espaços mais amplos.

É o caso de seu diálogo com Cassandra. Por um lado, seus comentários forçam um comprometimento ainda maior por parte da troiana. Encerrada nos versos que finalizam sua participação, a violência da profetisa contra o arauto revela a heroicidade do seu comportamento, refratário a qualquer tipo de concessão. Além disso, as próprias palavras usadas pelo arauto (411) são utilizadas por Cassandra para se referir a Agamêmnon (447), o que pertence ao apagamento de distinções maniqueístas entre derrotados e vitoriosos que é construído durante toda a peça. Por outro lado, os comentários de Taltíbio funcionam como um prelúdio do discurso de Hécuba (466-510), que declara existir para as troianas nada mais do que a escravidão; o arauto, entretanto, vislumbrara algo positivo no futuro de Hécuba: a virtude de Penélope, anunciada como futura senhora da antiga rainha de Tróia.

Na sua subseqüente entrada em cena, Taltíbio anuncia a morte de Astíanax. Isto provoca reações em Andrômaca que constituem uma reversão, mediando um esclarecimento da sua postura na primeira metade da cena, quanto à valoração de Heitor. Novamente o arauto procura colocar panos quentes sobre a situação, fazendo uso de meias palavras, descrevendo a guerra e suas conseqüências como algo lógico e propondo a capacidade benéfica das práticas rituais.

Introdução

Taltíbio, porém, reconhece, no mínimo, que as mensagens que transmite são insuportáveis para os ouvidos das troianas (786-789). Este reconhecimento fará com que ele passe da palavra para a ação. Quando, no êxodo, traz o corpo de Astíanax, informa que já o lavou, prática normalmente executada pelas mulheres no funeral; além disso, a dor de Andrômaca também o levou às lágrimas. A piedade de Taltíbio, fruto de reconhecimento, é mais um exemplo de uma ação possível em meio à destruição. O seu gesto é tão surpreendente quanto a iniciativa de Aquiles no Canto XXIV da *Ilíada*, ao iniciar os ritos fúnebres que beneficiam Heitor, seu mais odiado inimigo.

Taltíbio, portanto, não é utilizado por Eurípides nem como mero *gentleman*, nem como prolongamento dos senhores aqueus, notadamente de um Odisseu tido como utilitarista. O comportamento do arauto reflete uma vivência sensível e proto-intelectual que se direciona ao âmago da vulnerabilidade humana, permitindo a reconquista de um certo valor: a autonomia não exige a superação da dependência e da fragilidade. Tal autonomia *in extremis* – sua feição sugere a necessidade, e sua essência provém da percepção de seus limites – marca de forma ainda mais clara – e, por certo, diferenciada – as partidas das protagonistas.

Esse paradoxo é figurado na própria situação dos escravos. A escravidão pode ser encarada com alguma tranqüilidade apenas na medida em que se ultrapassa a imagem do escravo como um morto-vivo (173), passando a ser percebido como alguém que compartilha do lote comum essencial, a morte, mas cuja vida ainda pode encerrar algum valor. É por intermédio da morte que o homem alcança maior clareza sobre sua condição.

A acentuada indefinição é própria do luto. Ao mesmo tempo em que as personagens dizem ser obrigadas a viver e a compreender uma situação presente que elas, por uma série de razões, contrapõem a uma situação passada, que pretendem ser diametralmente oposta, deparam com uma inquietante e perturbadora contigüidade entre o passado e o presente, de tal sorte que a percepção dessa ligação acaba por apontar para uma terceira situação possível, a qual, esta sim, acena para um futuro diferente da aniquiliação.

Com isto fica claro que a imagem fornecida pela tragédia difere tanto da ideologia da *pólis* quanto do ideário enunciado pela filosofia que, em 415, já tem uma sólida base. No centro de *Troianas* está o luto. Quando o luto ocupa a cidade, como nesta peça, sugere-se que a estabilidade da *pólis* não está assegurada; aqui, é evidente, isto é potencializado pelo fim de Tróia. Os homens-cidadãos e seu mundo estão ausentes da peça, ou, discursivamente, são lançados para suas bordas.

Sob o ponto de vista da cidade, a bela morte imortaliza o cidadão como membro de uma estrutura imortal, a própria cidade. Para o filósofo (Sócrates), somente a alma, por meio da ascese filosófica, pode compartilhar do imortal divino. A tragédia, por sua vez, mostra os limites dos ideais, políticos e intelectuais, do homem, à medida que sublinha sua mortalidade. Talvez por isto todas as personagens troianas em cena sejam mulheres. Em *Troianas*, evita-se mostrar um homem tentando se reerguer sem o apoio de uma estrutura política.

Christian Werner

Introdução

Bibliografia fundamental

Barlow, S. A. *Euripides: Trojan Women* (tradução e comentário). Warminster, 1986.

Biehl, W. *Euripides: Troades* (texto e comentário). Heidelberg, 1989.

Coelho, M. C. de M. N. *Eurípides, Helena e a demarcação entre retórica e filosofia*. São Paulo, 2001 (tese de doutorado, Universidade de São Paulo).

Collard, C. *Euripides:* Hecuba (introdução, tradução e comentário). Warminster, 1991.

Croally, N. T. *Euripidean Polemic: The Trojan Women and the Function of Tragedy*. Cambridge, 1994.

Daitz, S. "Conceptions of freedom and slavery in Euripides' *Hecuba*". *Hermes* 99 (1971): 217-26.

Diggle, J. *Euripidis fabulae* (texto). Oxford, 1984 e 1981. 2 vol.

Erbse, H. *Studium zum Prolog des euripideischen Tragödie*. Berlim / Nova York, 1984.

Erp Taalman Kip, A. M. "Euripides and Melos". *Mnemosyne* 40 (1987): 414-9.

Friedrich, W. H. *Euripides und Diphilos*. Munique, 1953.

Gilmartin, K. "Talthybius in the *Trojan Women*". *American Jornal of Philology* 91 (1970): 213-22.

Gregory, J. *Euripides and the Instruction of the Athenians*. Ann Arbor, 1991.

Grube, G. M. A. *The Drama of Euripides*. Londres / Nova York, 3ª ed. 1973 (1ª ed.: 1941).

Hadley, W. S. *The* Hecuba *of Euripides* (texto, introdução e comentário). Cambridge, 1955 (1ª ed.: 1894).

Harder, R. E. *Die Frauenrollen bei Euripides: Untersuchungen* zu Alkestis, Medeia, Hekabe, Erechteus, Elektra, Troades *und* Iphigenia in Aulis. Stuttgart, 1993.

Hose, M. *Studien zum Chor bei Euripides*. Stuttgart, 1990, 1991, 2 vol.

KING, K. C. "The politics of imitation: Euripides' *Hekabe* and the Homeric Achilles". *Arethusa* 18 (1985): 47-66.

KOVACS, D. *The Heroic Muse*. Baltimore, 1987.

LEE, K. H. *Euripides: Troades* (introdução, texto e comentário). Houndmills Basingstoke / Londres, 1976.

LLOYD, M. "The Helen scene in Euripides' *Troades*". *Classical Quarterly* 34 (1984): 303-13.

LUSCHNIG, C. "Euripides' *Hecabe*: the time is out of joint". *Classical Journal* 71 (1976): 227-34.

MASON, P. "Kassandra". *Journal of Hellenic Studies* 79 (1959): 80-93.

MICHELINI, A. N. *Euripides and the Tragic Tradition*. Madison / Londres: 1987.

NUSSBAUM, M. *The Fragility of Goodness: Luck and Ethics in Greek Tragedy and Philosophy*. Cambridge, 1986.

SCODEL, R. *The Trojan Trilogy of Euripides*. Göttingen, 1980.

SEGAL, C. *Euripides and the Poetics of Sorrow: Art, Gender and Commemoration in* Alcestis, Hippolytus *and* Hecuba. Durham / Londres, 1993.

SOURVINOU-INWOOD, C. *Tragedy and Athenian Religion*. Lanham, 2003.

TIERNEY, M. *Euripides:* Hecuba (texto, introdução e comentário). Bristol, 1994 (1ª ed.: 1946).

ZEITLIN, F. "Euripides' *Hekabe* and the somatics of Dionysiac drama". *Ramus* 20 (1991): 53-94.

CRONOLOGIA

Eurípides e Atenas

497/6 a.C. Nascimento de Sófocles.
490. Batalha de Maratona, na qual os gregos são vitoriosos contra os persas comandados por Dario.
±484. Nascimento de Eurípides.
480. Batalha naval de Salamina, com retumbante vitória dos gregos sobre os persas comandados por Xerxes.
478-77. Fundação da liga de Delos, uma associação de cidades gregas comandadas por Atenas.
462/61. Queda do Areópago, órgão político de Atenas de cunho aristocrático. A assembléia (*boulê*) passa a ser a instituição mais importante. Na década que se inicia, firmam-se os procedimentos e as práticas da nova ordem democrática.
461. Início da chamada Primeira Guerra do Peloponeso entre Atenas e Esparta, secundadas pelos respectivos aliados.
451/50. Lei da cidadania de Péricles — o principal nome na política ateniense entre 450 e 430 —, segundo a qual só os filhos de pai e mãe atenienses teriam direito à cidadania ateniense.
446. Selado um acordo de paz (Paz dos 30 anos) entre Atenas e Esparta.
447. Iniciada a construção do Partenon.
441. Primeira vez que Eurípides vence nos concursos trági-

cos. Ele participou 22 vezes, ganhando 4. Das suas tragédias, 16 chegaram até nós completas.
438. *Alceste* (os nomes em itálico são os títulos de algumas peças de Eurípides).
431. Reinício da guerra entre Atenas e Esparta, chamada também de Guerra Arquidâmica (Arquidamos era rei de Esparta). Esta primeira fase da (Segunda) Guerra do Peloponeso dura até 421.
431. *Medéia*.
429. Morte de Péricles.
428. *Hipólito*.
422. Morte de Cleonte, importante demagogo na década de 430-20. Os demagogos eram ricos, e alguns tinham origem nobre. Eram chamados "demagogos" os oradores que, na assembléia, tomavam a palavra com maior freqüência, defendendo uma determinada política. No início, o termo 'demagogo' não era pejorativo.
421. Paz de Nícias entre Atenas e Esparta; poucos anos depois, o conflito reinicia.
415-13. Expedição malograda dos atenienses contra a Sicília. Início da decadência econômica e militar de Atenas.
415. *Troianas*.
411. Levante dos 400, um golpe da facção oligárquica, derrotada posteriormente, para acabar com a democracia.
408. *Orestes*.
Eurípides passa os últimos anos de sua vida na corte do rei Arquelau, em Pela, no norte da Grécia (Macedônia).
±406. *Ifigênia em Áulis*; *Bacantes* – obras póstumas de Eurípides, que morre aproximadamente nessa época.
406/05. Morte de Sófocles.

NOTA À PRESENTE EDIÇÃO

Os textos de *Hécuba* e *Troianas* foram traduzidos do grego pelo texto estabelecido por J. Diggle para a série Oxford Classical Texts.

As indicações de autoria ou leitura duvidosa foram retiradas para tornar mais fluente a leitura. A indicação [...] foi inserida para assinalar partes dos versos ilegíveis no original.

HÉCUBA

Fantasma de Polidoro

Vim, o antro dos mortos e as portas da escuridão
tendo deixado, onde mora Hades, separado dos
                [deuses;
sou Polidoro, nascido de Hécuba, filha de Quisseu,
e de Príamo, meu pai, que a mim, quando a cidade
                [dos frígios
corria o perigo de cair por meio da lança helênica,   5
com temor enviou para fora da terra troiana
rumo à casa de Polimestor, seu hóspede trácio,
que semeia esta excelente planície do Quersoneso,
conduzindo, com a lança, o exército que ama o cavalo.
Comigo, às escondidas, muito ouro enviou   10
o pai, para que, se um dia os muros de Ílion caíssem,
aos filhos vivos não houvesse falta de meios de vida.
Eu era o mais jovem dos Priamidas, e por isso da terra
me enviou: de fato, nem de carregar uma armadura
nem uma lança eu era capaz com meu jovem ombro.   15
Enquanto os limites da terra estavam seguros,
as torres da região troiana eram indestrutíveis
e meu irmão Heitor era afortunado com a lança,
bem, junto ao homem trácio, hóspede paterno,
como um broto com alimento eu crescia, miserável.   20

Mas, quando estão perdidas Tróia e a vida
de Heitor, o fogo-lar paterno foi devastado
e ele mesmo cai junto ao altar por deus fundado,
imolado pelo filho sujo de sangue de Aquiles,
mata-me, mui afligido, graças ao ouro, 25
o hóspede paterno e, tendo-me morto, na onda
[do mar
jogou-me, para que ele mesmo o ouro em casa
[guardasse.
Jazo um pouco na praia, depois na rebentação do mar,
carregado pelo incessante vaivém das vagas,
não chorado, não sepulto. E agora, acima da
[amada mãe, 30
Hécuba, me lanço, tendo abandonado meu corpo,
já no terceiro dia estando a pairar,
desde que nesta terra do Quersoneso
minha desvalida mãe, vinda de Tróia, se encontra.
Todos os aqueus, mesmo tendo suas naus, plácidos 35
estão sentados nas praias desta terra trácia.
Quando o filho de Peleu aparece sobre o túmulo,
contém, Aquiles, todo o exército helênico,
quando dirigiam para casa a frota marítima:
ele pede para ter a minha irmã, Polixena, no túmulo 40
como sua própria oferenda de sangue e honraria.
E obterá isso e não será privado de presentes
da parte de seus amigos: o destino conduz
a minha irmã para a morte neste mesmo dia.
Dois cadáveres de dois filhos olhará 45
a mãe, o meu e o da virgem desvalida.
Para obter, infeliz, um funeral, aparecerei

diante dos pés de uma escrava na rebentação.
Com efeito, requeri aos que têm força embaixo
que eu tivesse um funeral e caísse nas mãos da mãe.　50
Assim o meu, o que eu quiser obter,
ocorrerá; mas dirigir-me-ei para longe da velha
Hécuba: de fato, avança o pé para fora da tenda
de Agamêmnon, temendo meu fantasma.
Phêu:
ó mãe, que, depois de uma casa de soberanos,　55
vislumbraste um dia escravo, como estás mal,
mas quanto, no passado, bem. Contrabalançando
o bem-estar de antes, um dos deuses destruiu-te.

HÉCUBA

Filhas, conduzi a velha para diante da casa,
conduzi, endireitando, a que é escrava　60
convosco, troianas, mas foi rainha no passado,
tomai, portai, escortai, erguei-me,
tomando minha velha mão.
E eu, sobre tua mão, um torto bastão,　65
apoiando-me, acelerarei a marcha
do pé pesado nas articulações – um após o outro.

Ó clarão de Zeus, ó noite escura,
por que de noite sou erguida assim
por temores, aparições? Ó senhora Terra,　70
mãe dos sonhos de negras asas,
afasto de noite uma visão

que, acerca de meu filho, a salvo na Trácia,
e em torno de Polixena, amada filha, através de
                                [sonhos 75
vi e apreendi, percebi uma visão amedrontadora.

Ó deuses ctônios, salvai meu filho,
que, única âncora ainda da minha casa, 80
se mantém na nevada Trácia
sob a proteção do hóspede paterno.
Haverá algo novo;
virá um canto de gemido aos que gemem.
Nunca assim, sem cessar, meu coração 85
tremeu de pavor.
Onde então a divina alma de Heleno
e a de Cassandra posso ver, troianas,
para que julguem meus sonhos?

Vi, nas garras ensangüentadas de um lobo, um bicho
                                [malhado 90
imolado, arrancado sem piedade dos meus joelhos.
Também isto me atemoriza:
veio sobre os altos cumes do túmulo
o fantasma de Aquiles; pediu como honraria 95
uma das troianas mui sofredoras.
Longe da minha, da minha filha isso
afastai, numes: eu suplico

CORO
Hécuba, com pressa até ti esquivei-me,

tendo deixado as tendas senhoris,
onde fui sorteada e distribuída, 100
escrava, afastada da cidade,
de Ílion, por meio da ponta da lança,
prisioneira a serviço dos aqueus;
em nada teus sofrimentos alivio,
mas carrego o peso – grande para ti, mulher – 105
da mensagem, como um arauto de aflições.
Diz-se que, na lotada assembléia dos aqueus,
se decidiu que tua filha para Aquiles
seria imolada. Marchando sobre o túmulo,
sabes que apareceu com sua armadura dourada 110
e conteve os barcos abre-mar,
cujos cabos pressionam as velas,
isto vociferando: "Como, Dânaos,
o meu túmulo
sem honraria deixando, partis?" 115
Forte discórdia, um vagalhão, irrompeu,
e dupla opinião percorria o exército
belicoso dos helenos: a uns pareceu bom
dar uma vítima ao túmulo, a outros, não.
Pelo teu bem zelava 120
quem é leal para com o leito da bacante
adivinha, Agamêmnon; os Teseidas, porém,
crias de Atenas, de duplas falas
eram oradores, mas com uma única disposição
concordavam em coroar 125
o túmulo aquileico com sangue fresco,
e não disseram que o leito de Cassandra
à lança aquileica
um dia prefeririam.

Os zelos dos discursos em disputa 130
eram iguais até que o de variegado espírito,
o altercador, de doce discurso, ao povo agradável,
o filho de Laertes persuadiu o exército
a não rejeitar o melhor de todos os dânaos
por causa de escravos imolados; 135
que nenhum dos mortos dissesse,
junto a Perséfone parado, que dânaos
ingratos com os dânaos que morreram
pelos helenos
voltaram das planícies de Tróia.
Odisseu virá logo mais 140
para arrastar a potra dos teus seios
e arrancá-la da tua velha mão.
Mas vai às naus, vai aos altares,
senta, suplicante, junto aos joelhos de Agamêmnon, 145
invoca os deuses celestes
e os sob a terra: ou as preces
impedirão que sejas privada
da tua filha infeliz, ou carece que vejas,
caída para a frente no túmulo, a virgem 150
avermelhada por sangue, fonte
negro-luzente da doirada nuca.

HÉCUBA

Ai de mim, uma infeliz, o que devo proferir? [estrofe
Que som, que lamúria, 155
mísera graças à mísera velhice

e à escravidão insuportável,
intolerável? Ai de mim, de mim.
Quem me defende? Que família,
que cidade? Partiu o velho, 160
partiram os filhos.
Por qual via, por esta ou aquela
devo marchar? Onde sou salva? Onde algum
dos deuses ou numes é protetor?
Ó troianas que suportam 165
vilezas, que suportam vis
flagelos, me perdestes, perdestes: para mim não há
[mais vida
admirável na luz.
Ó miserável pé, conduze-me, 170
conduze a velha
àquela tenda. Ó filha, ó criança
da mais desvalida mãe, sai,
sai da casa, ouve a fala da mãe.

Ió criança, para que saibas qual, qual 175
rumor ouço sobre tua vida.

POLIXENA

Mãe, mãe, por que gritas? Que nova anuncias
ao me fazeres, encolhida, sair da tenda
como um pássaro de tão espantada?

HÉCUBA

Ai de mim, filha. 180

POLIXENA

Por que me agourentas? São proêmios ruins para mim.

HÉCUBA

Aiai pela tua vida.

POLIXENA

Fala. Não escondas tanto tempo:
temo, temo, mãe,
o que deploras. 185

HÉCUBA

Filha, filha de mãe infeliz...

POLIXENA

O que anuncias?

HÉCUBA

A disposição comum dos argivos

se esforça em imolar-te junto ao túmulo
do rebento Pelida. 190

POLIXENA

Ai de mim, mãe, como dizes?
Males não invejáveis me revela,
revela, mãe.

HÉCUBA

Falo agouros de maus agouros, criança:
anunciam as decisões dos argivos, 195
votadas, o que concerne ao teu destino.

POLIXENA

Ó terrível sofredora, ó mui infeliz, [antístrofe
ó mãe de vida desvalida,
que, que ultraje, de novo, contra ti,
mui odioso e indizível, 200
algum nume instigou.
Eu, tua filha, não mais, não mais
com tua aflita velhice, em aflição,
serei escrava.
A mim, um filhote tal como uma novilha 205
aflita nutrida na montanha, aflita
verás [...]
arrancada da tua mão,

degolada, para o Hades,
baixada à escuridão da terra, onde, entre mortos,
miserável, jazerei. 210
Mãe, por ti, desvalida,
choro com mui plangentes trenos,
mas minha vida, ultraje e ruína
não chorarei depois: para mim, morrer
ocorreu ser a melhor fortuna. 215

CORO

E eis que vem Odisseu com a pressa do pé,
Hécuba, para te anunciar alguma nova palavra.

ODISSEU

Mulher, creio que conheces a disposição do exército
e o voto dado. Mas mesmo assim falarei.
Os aqueus decidiram tua filha, Polixena, 220
imolar junto à reta elevação do túmulo de Aquiles.
Dispuseram que fôssemos nós os acompanhantes
e condutores da virgem. Mestre do sacrifício
e sacerdote, o filho de Aquiles o presidirá.
Agora ouve: que não sejas arrancada com violência 225
nem te ponhas em luta física comigo,
mas reconhece tua presente força e os males
teus: mesmo em meio a males, o sábio deve ser
                                      [prudente.

HÉCUBA

HÉCUBA

Aiai: está posta, como parece, uma grande contenda
repleta de lamúrias e de lágrimas não vazia. 230
Também eu não morri onde devia morrer,
nem me destruiu Zeus, mas me nutre para que eu veja
outros males maiores que meus males – eu, infeliz.
Se aos escravos é possível dos homens livres
o que não é tormentoso e não morde o coração 235
inquirir, carece que para ti isso seja dito
e que nós, perguntando essas coisas, ouçamos.

ODISSEU

É possível; pergunta. Eu não reluto em te dar tempo.

HÉCUBA

Sabes quando vieste espionar Tróia
descomposto, em andrajos, e dos olhos 240
escorrimento de sangue pingava no queixo?

ODISSEU

Sei; isso não tocou só a superfície do meu coração.

HÉCUBA

Reconheceu-te Helena e falou somente para mim?

ODISSEU

Lembro-me que corri um grande perigo.

HÉCUBA

E tocaste meus joelhos, mostrando-te humilde? 245

ODISSEU

De sorte que minha mão morreu entre teus peplos. 246*

HÉCUBA

O que então, sendo meu escravo, falaste? 249

ODISSEU

Muitos discursos inventei de sorte a não morrer. 250

HÉCUBA

Salvei-te, então, e enviei-te para fora da região? 247

ODISSEU

De sorte a vislumbrar esse brilho do sol. 248

---
* O número dos versos indica a seqüência em que eles aparecem nos manuscritos. Tal ordem, porém, é alterada pela maioria dos editores modernos; optamos pela ordem adotada na edição preparada por J. Digie. (N. do T.)

Hécuba

Hécuba

Logo não ages mal através desses teus desígnios, 251
tu que recebeste de mim o que dizes ter recebido,
se não nos ajudares, mas, ao máximo, prejudicares?
Não é dadivosa vossa cepa, vós que ansiais
por honras demagógicas; oxalá não vos conhecesse, 255
vós que não vos preocupais em fazer mal aos amigos,
caso puderdes falar de modo que agrade a maioria.
A propósito, que sofisma eles definiram
ao dirigir esse voto de morte contra essa jovem?
É o dever de imolação humana que os conduz 260
ao túmulo, onde mais convém o sacrifício bovino?
Ou, querendo a seu turno matar os que mataram,
Aquiles, com justiça, aponta-lhe a morte?
Mas para ele essa não fez nada de mal.
Ele deve pedir Helena como vítima para o túmulo: 265
aquela, de fato, destruiu-o e para Tróia o conduziu.
Se alguma das cativas deve morrer, selecionada
e distinta pela beleza, isso não compete a nós:
a Tindarida é a mais notável quanto à aparência,
e em nada é menos culpada que nós. 270
Em vista da justiça, pugnei por meio desse discurso;
o que deves dar-me em troca, tendo eu pedido,
ouve. Tocaste minha mão, como dizes,
e esta velha face, ao caíres diante de mim;
agora toco eu essas tuas mesmas partes, 275
peço a graça de então e suplico-te,
não arranques minha filha das mãos,
nem a mateis: mortos há o suficiente.

Com ela comprazo-me e esqueço-me dos males;
no lugar de muitas coisas, ela me é uma alma ao lado: 280
cidade, ama, bastão, guia na estrada.
Não deve o poderoso ter poder sobre o que não deve,
nem o afortunado crer estar sempre bem;
também eu o fui um dia, mas agora não sou mais:
toda minha riqueza um único dia me arrancou. 285
Mas, ó queixo amigo, respeita-me,
apieda-te: depois de ires ao exército aqueu,
aconselha que é uma vergonha matar
mulheres que primeiramente não matastes,
mas das quais vos apiedastes, após arrancar dos altares. 290
Uma lei entre vós, igual para os livres
e para os escravos, vige em matéria de sangue.
A tua reputação, mesmo que falares mal,
convencerá: o mesmo discurso, partindo de insignes
e de insignificantes, não tem a mesma força. 295

Coro

Não existe uma natureza humana tão dura
que, após ouvir os trenos de teus gemidos
e de teus longos lamentos, não verteria lágrimas.

Odisseu

Hécuba, entende e, na fúria do teu espírito,
não consideres inimigo quem fala bem. 300
O teu corpo, graças ao qual fui afortunado,

estou pronto para salvar, e não falo em vão;
mas o que falei para todos não negarei,
que, Tróia conquistada, para o primo varão do
                               [exército,
ele pedindo, entregaria tua filha como vítima.   305
Com isso, de fato, a maioria das cidades extenua-se,
quando algum varão, sendo nobre e zeloso,
nada leva a mais para si do que os piores.
Para nós, Aquiles é digno de honra, mulher,
após morrer belamente, como varão, pela Hélade.   310
Não é isto vergonhoso, se, quando vivo, como amigo
o tratamos, mas, quando morto, não o tratamos mais?
Pois bem: o que alguém dirá caso de novo surgir
um exército reunido e uma luta de inimigos?
Iremos combater ou prezaremos a vida,   315
vendo que quem morre não é honrado?
E para mim, enquanto vivesse, mesmo que pouco
tivesse no dia-a-dia, tudo seria suficiente;
mas o meu túmulo eu quereria que fosse visto
sendo honrado: de fato, a graça é duradoura.   320
Se dizes sofrer coisas lamentáveis, ouve isto:
junto a nós há velhas mulheres e anciãs
não menos deploráveis que tu
e noivas privadas de excelentes noivos,
cujos corpos as cinzas do Ida aqui escondem.   325
Agüenta isso. Quanto a nós, se é errado nosso costume
de honrar o nobre, seremos acusados de estupidez;
e que vós, bárbaros, não considereis os amigos
amigos, nem os que morreram belamente
admireis, para que a Hélade seja afortunada,   330
e mantenhais o que se assemelha às vossas resoluções.

CORO

Aiai: a escravidão, por natureza, é sempre um mal
e agüenta o que não deve, vencida pela violência.

HÉCUBA

Ó filha, minhas palavras acerca da tua morte,
lançadas em vão, partiram rumo ao éter. 335
Mas tu, se tens um poder maior que o de tua mãe,
esforça-te, lançando todos os sons como a boca
de um rouxinol, para que não sejas privada da vida.
Cai digna de piedade aos joelhos de Odisseu aí
e convence-o (tens uma alegação: também ele 340
tem filhos) de modo que ele se apiede de tua fortuna.

POLIXENA

Vejo-te, Odisseu, sob o manto a mão
direita escondendo e teu rosto para trás
virando para que eu não toque na tua barba.
Coragem: escapaste do meu Zeus Suplicante; 345
pois por certo te seguirei, graças à necessidade,
desejando morrer; por outro lado, se eu não quiser,
parecerei vil e uma mulher que preza a vida.
Por que devo viver? Bem, meu pai era o senhor
de todos os frígios; isso era a prima coisa de minha vida. 350
Depois fui nutrida em meio a belas esperanças,
noiva para reis, causando uma emulação não pequena
pelas bodas àquele em cuja casa e fogo-lar eu entraria.

Hécuba

Eu, a desvalida, era uma senhora para as troianas,
chamativa entre as mulheres e as moças, 355
semelhante aos deuses, exceto, unicamente, pela
[morte.
Mas agora sou uma escrava. Primeiramente, o nome,
não sendo costumeiro, me faz desejar morrer.
Depois, talvez, senhores crus no espírito
eu obteria, um que por dinheiro me comprasse – 360
a irmã de Heitor e de diversos outros! –,
e, impondo-me a obrigação de cozer o pão em casa,
de varrer a casa e de pôr-me ao lado do tear,
me obrigasse a conduzir um dia dolorido;
minha cama um escravo algum dia comprado 365
sujaria, honrada, no passado, por soberanos.
Não mesmo: afasto dos meus olhos livres
este brilho, junto de Hades pondo meu corpo.
Leva-me, pois, Odisseu, e, levando, destrói-me:
nem oriunda da esperança nem de uma crença vejo 370
coragem junto a nós de forma que eu devesse ser feliz.
Mãe, não permaneças no nosso caminho,
nem falando nem agindo, mas deseja comigo
morrer antes de alcançar infâmias indignas.
Quem não tem o costume de experimentar males 375
suporta, mas sente dor pondo o pescoço no jugo;
morto, porém, seria muito mais afortunado
que vivo: viver não belamente é uma grande aflição.

Coro

Uma marca assombrosa e notável entre os mortais

é o provir de valorosos, e tem sua força aumentada 380
o nome dos que são dignos do nobre nascimento.

Hécuba

Falaste belamente, filha, contudo junto ao belo
a dor está presente. Se é preciso que haja uma dádiva
para o filho de Peleu, e que do insulto vós
fujais, Odisseu, não mateis esta aqui, 385
mas a nós, após conduzir para a pira de Aquiles,
apunhalai, não eviteis: eu gerei Páris,
que matou o filho de Tétis, com o arco atingindo.

Odisseu

Não que tu, velha, morresses pediu
o fantasma de Aquiles aos aqueus, mas ela. 390

Hécuba

Mas vós pelo menos com minha filha me matai,
e tal beberagem de sangue, dupla, haverá
para a terra e para o morto que isso pediu.

Odisseu

Basta a morte de tua moça; não se deve somar
uma a outra: que nem da dela precisássemos. 395

HÉCUBA

HÉCUBA
Mas grande é a necessidade de eu morrer com minha
[filha.

ODISSEU
Como? Não sabia que adquiri um senhor.

HÉCUBA
Dá no mesmo. Como a hera do carvalho nela grudarei.

ODISSEU
Não, se fores persuadida pelos mais sábios que tu.

HÉCUBA
Sabe que não abandonarei de bom grado esta criança. 400

ODISSEU
Mas nem eu partirei, deixando-a aqui.

POLIXENA
Mãe, escuta-me; e tu, filho de Laertes,
sê brando com uma mãe que, com razão, está furiosa;

e tu, ó infeliz, não lutes contra alguém poderoso.
Queres tombar no solo, sulcar tua 405
pele envelhecente ao seres empurrada com violência
e degradar-te, por um braço jovem
sendo puxada — isso sofrerás? Não tu. Não é digno.
Mas, minha amada mãe, dá-me a mais doce
mão e permite a bochecha encostar na face: 410
sabe que nunca de novo, mas agora, pela última vez,
os raios e o círculo do sol vislumbrarei.
Que recebas o fim das minhas saudações.
Ó mãe, ó genitora, parto para baixo. 414

HÉCUBA

Tu, filha, és lastimosa, e eu, uma mulher deplorável. 417*

POLIXENA

Lá no Hades deitarei afastada de ti. 418

HÉCUBA

Ai de mim: que faço? como findarei minha vida? 419

POLIXENA

Morrerei como uma escrava, sendo de um pai livre... 420

---
* Cf. nota aos versos 246-251. (N. do T.)

HÉCUBA
Ó filha, e nós, na luz, seremos escravas. 415

POLIXENA
… sem noivo, sem um himeneu que eu devia ter
[obtido. 416

HÉCUBA
E nós de cinqüenta filhos somos despojadas. 421

POLIXENA
Que digo por ti a Heitor ou ao velho esposo?

HÉCUBA
Anuncia que de todas sou a mais deplorável.

POLIXENA
Ó peito e seios, que docemente me nutriram.

HÉCUBA
Ó filha deplorável com fortuna extemporânea. 425

POLIXENA
Fica bem, genitora, fica bem, Cassandra...

HÉCUBA
Outros ficam bem, mas para a mãe isso não é possível.

POLIXENA
... e meu irmão, Polidoro, entre os cavaleiros trácios.

HÉCUBA
Se vive: desconfio, pois em tudo sou desafortunada.

POLIXENA
Vive, e, quando morreres, cerrará teus olhos. 430

HÉCUBA
Devido a males, estou morta antes de morrer.

POLIXENA
Leva-me, Odisseu, tendo-me envolto a cabeça com
[peplos,
pois antes de ser imolada tenho meu coração fundido

com trenos e fundo o da mãe com gemidos.
Ó luz: é-me possível pronunciar teu nome, 435
e nada há exceto o tempo em
que caminho
até a espada e a pira de Aquiles.

HÉCUBA

Ai de mim, desmaio, afrouxam-se meus membros.
Filha, toca a mãe, estende a mão,
dá, não me deixes sem filhos. Que eu morra, amigas. 440
Oxalá a lacônia, gerada com os Dioscuros,
Helena, eu visse: devido aos belos olhos,
o mais infame arrasou a venturosa Tróia.

CORO

Brisa, marítima brisa, [estrofe a
como levas os velozes 445
   navios abre-mar por sobre os vagalhões,
para onde levarás a mim,
   a infeliz? Como escrava de quem chegarei,
   adquirida para a casa? Para
   um porto da terra dórica
ou da Ftia, onde dizem 450
   que o pai das mais belas águas,
Apidano, fecunda os campos,

ou para uma das ilhas – com remo [antístrofe a

fende-mar conduzida, miserável, 456
   levando lastimosa vida na casa —,
onde a prima folha da palmeira
   e o loureiro ergueram brotos
   sagrados, amado adorno para Leto 460
   pelo parto dos filhos de Zeus?
Com as jovens délias
   a bandana dourada
e o arco da deusa Ártemis louvarei? 465

Ou na cidade de Palas [estrofe b
as belas potras do carro
   de Atena, no peplo açafrão
jungirei, em
   tecidos trabalhados e 470
   com tramas floridas bordando —
ou a linhagem dos Titãs,
que Zeus Cronida com a flama
   de duplo fogo adormece?

Ai dos meus filhos, [antístrofe b
ai dos pais e da terra, 476
   que com fumaça foi aniquilada,
fumegando, prisioneira
   dos Argivos; eu,
   em terra estrangeira, serei 480
   chamada escrava ao deixar a Ásia,
trocando quartos no Hades
   por moradas na Europa.

Hécuba

TALTÍBIO

Onde, jovens troianas, eu acharia Hécuba,
a que um dia foi senhora de Ílion? 485

CORO

Ela mesma, próximo a ti, de costas sobre a terra,
Taltíbio, jaz envolvida em peplos.

TALTÍBIO

O que direi, Zeus? Que tu olhas para os homens
ou que sem razão adquiriste em vão essa fama
falsa, eles crendo haver uma linhagem de deuses, 490
e a fortuna observa tudo que é próprio dos mortais?
Não era essa a senhora dos frígios de muito ouro,
não era essa a esposa do muito rico Príamo?
E agora toda a cidade foi esvaziada pela lança,
e ela mesma, escrava, velha, sem filhos sobre a terra 495
jaz, nas cinzas sujando sua cabeça desvalida.
Phêu phêu: eu sou velho, todavia, para mim, morrer
seria melhor do que cruzar com uma fortuna infame.
Levanta-te, ó desvalida, e do solo
ergue teu flanco e tua cabeça toda grisalha. 500

HÉCUBA

Deixa: quem é esse que não permite meu corpo
jazer? Por que, sejas quem fores, me moves, dorida?

TALTÍBIO

Sou Taltíbio, servidor dos dânaos,
Agamêmnon tendo-me enviado atrás de ti.

HÉCUBA

Ó caríssimo, para também me sacrificar no túmulo —   505
decisão dos gregos — vieste? Como dirias algo caro.
Rápido, apressemo-nos: conduze-me, velho.

TALTÍBIO

Para que enterres tua filha morta, mulher,
venho à procura de ti: enviaram-me
os dois Atridas e o exército aqueu.   510

HÉCUBA

Ai de mim, que dizes? Não para que morramos
vieste atrás de nós, mas para males anunciar?
Pereceste, filha, arrancada de junto da mãe,
e contigo ficamos sem filhos: ó infeliz de mim.
E de que modo a executastes? Respeitosos?   515
Ou de modo terrível, velho, como se um inimigo
matásseis? Fala, embora não dizendo algo prezado.

TALTÍBIO

Pedes que duas vezes eu ganhe lágrimas, mulher,

com pena da tua filha: falando agora tais males,
molharei este olho como quando morreu no túmulo. 520
Presente estava toda a multidão do exército aqueu,
completa, junto ao túmulo para a imolação de tua
                                        [moça,
e, tendo o filho de Aquiles tomado a mão de Polixena,
ficou parado no alto do cômoro, e eu próximo;
jovens aqueus escolhidos e seletos, 525
para domar os pulos da tua novilha com as mãos,
seguiram; tendo tomado nas mãos um cálice cheio,
todo dourado, o filho de Aquiles verteu com a mão
libação para o pai morto; então indicou-me
que pedisse silêncio para todo o exército aqueu. 530
Eu, parado em pé, no meio deles, disse isto:
"Silenciai, aqueus, que toda a tropa fique em silêncio,
em silêncio se cale." E fiz a multidão ficar tranqüila.
E ele falou: "Ó filho de Peleu, nosso pai,
recebe de mim estas libações propiciadoras, 535
invocadoras dos mortos: vem, para beberes o negro
sangue puro da jovem, com o qual te presenteamos,
o exército e eu; sê benévolo para conosco,
solta as popas e as amarras de ancoragem
dos navios e concede-nos que de Ílion benévolo 540
retorno todos alcancemos, voltando para a pátria."
Essas coisas falou, e todo o exército fez sua prece.
Depois, tomando pelo cabo, a espada dourada
puxou da bainha e para os jovens selecionados
do exército aqueu sinalizou que tomassem a virgem. 545
Mas ela, quando percebeu, anunciou tal palavra:
"Ó argivos devastadores da minha cidade,

morro de bom grado: que ninguém toque na minha
pele, pois oferecerei o pescoço com coragem.
Para que eu, pelos deuses, morra livremente, 550
matai-me deixando-me livre, pois entre os mortos
envergonho-me de ser chamada escrava, sendo rainha."
O exército bradou aprovação, e o senhor Agamêmnon
falou aos jovens para deixar a virgem.
E eles, tão logo ouviram a última palavra 555
daquele cujo poder era enorme, deixaram-na.
E quando ela escutou essa palavra dos senhores,
tendo tomado o peplo do alto de seu ombro,
rasgou-o até o meio do ventre junto ao umbigo
e mostrou os seios e o peito como a parte mais bela 560
de uma estátua e, baixando o joelho sobre a terra,
enunciou o discurso mais audaz e sofrido de todos:
"Olha isto aqui: se meu peito, ó jovem,
desejas golpear com avidez, golpeia; se meu pescoço,
é possível golpear esta garganta, que está pronta." 565
E ele, não querendo e querendo, com pena da moça,
corta com ferro as vias do seu pulmão:
jatos jorraram. Ela, mesmo morrendo,
tomou toda a precaução de cair com decoro,
escondendo o que se deve esconder da vista dos
                                        [homens. 570
Quando exalou seu alento graças à imolação fatal,
nenhum dos argivos se ocupou com o mesmo trabalho,
mas alguns, com suas próprias mãos, a morta
com folhas atingiam, outros executaram uma pira,
trazendo achas de pinheiro, e quem não trazia 575
daquele que trazia ouvia estas censuras:

"Estás parado, infame, para a jovem
nem peplo nem adorno tendo nas mãos?
Não vais dar algo para ela, corajosa ao extremo
e de excelsa alma?" Dizendo isso acerca de tua 580
filha, já morta, vejo-te como a de melhor prole
e a mais desafortunada de todas as mulheres.

Coro

Terrível flagelo estourou aqui contra os Priamidas
e minha cidade por meio do jugo dos deuses.

Hécuba

Ó filha, não sei para qual dos males olharei, 585
muitos havendo: pois, se eu toco em algum,
esse não me deixa ir, mas de novo me chama de lá
uma outra dor que sucede a males por meio de males.
E agora, de sorte a não gemer, teu sofrimento
eu não seria capaz de apagar do meu espírito; 590
mas o excesso removeste, anunciada para mim
como nobre. Não é assombroso se a terra ruim,
obtendo a oportunidade dos deuses, produz boa
                                        [espiga,
e a boa, não atingindo o que ela deve obter,
dá fruto ruim, mas entre os homens, sempre 595
o infame não é outra coisa exceto vil,
e o bom, bom, e nem devido a uma desgraça
destrói sua natureza, mas é nobre sempre?

Mas os genitores fazem a diferença ou a criação?
Ser belamente criado por certo também envolve 600
a lição do nobre: se alguém aprender isso bem,
após aprender, conhece o feio com a régua do belo.
E essas coisas, porém, a razão disparou em vão;
mas tu, vai e anuncia isto para os argivos,
que a multidão se afaste e que ninguém toque 605
na minha filha. Num exército numeroso,
a multidão é incontinente, e a anarquia dos
                     [marinheiros
é mais forte do que o fogo, e é vil quem algo vil
                     [não faz.
E tu, serva antiga, tendo tomado o vaso,
depois de imergir traze para cá da água marinha, 610
para que, com a última água lustral, minha filha,
noiva sem noivado, virgem sem virgindade,
eu banhe e ponha à vista – como ela merece?
                     [Impossível.
Não seria capaz; mas como puder (que outra coisa
                     [faria?),
recolhendo adorno da parte das prisioneiras, 615
que ao meu lado, dentro dessas moradias,
habitam, se alguma, dos recentes senhores
desapercebida, roubou algo da sua própria casa.
Ó esplendor das casas, moradias um dia afortunadas,
Príamo, rico, muitíssimo rico e com a melhor prole, 620
e eu, esta velha, a mãe de crianças,
como chegamos a nada, da nossa grandeza
anterior privados. Pois bem, depois somos
                     [orgulhosos,

um de nós devido a sua próspera moradia,
outro por que é honrado entre os cidadãos? 625
Isso é nada, em vão são as decisões preocupadas
e as bazófias da língua. O mais venturoso é aquele
para quem, a cada dia, nenhum mal acontece.

CORO

Para mim precisou uma desgraça, [estrofe
para mim precisou ocorrer um flagelo 630
quando primeiro a madeira do Ida,
abetos, Alexandre
cortou, para navegar sobre a salsa onda
rumo à cama de Helena, a qual, 635
   como a mais bela, o Sol
de brilho doirado ilumina.

Agruras e necessidades [antístrofe
piores que as agruras se encadeiam;
da estupidez de um só um mal 640
comum para a terra do Simóis,
funesto, veio com desgraça contra outros,
e a disputa, que no Ida
   um varão pastor decidiu 645
entre três jovens venturosas,

decidiu-se com a lança, a morte e o ultraje da
               [minha casa: [epodo
também lamenta em torno do Eurotas bem-fluente 650

alguma moça lacônia, chorando muito em casa,
e a mãe de filhos mortos contra a cabeça grisalha
põe a mão e rasga [...] a face, 655
com dilacerações tornando as unhas ensangüentadas.

SERVA

Mulheres, onde está Hécuba de todas as aflições,
que todos os homens e a semente feminina vence
em males? Ninguém disputará essa coroa. 660

CORO

O que há, ó infeliz de grito agourento?
Nunca descansam para mim os anúncios doridos.

SERVA

Para Hécuba trago essa agonia: em meio a males,
não é fácil trazer à língua bom augúrio para os
[homens.

CORO

Mas olha, ela vem por acaso para fora da tenda 665
e aparece oportunamente para tuas palavras.

SERVA

Ó senhora toda infeliz e ainda mais do que digo,
estás morta e não és mais, embora vejas a luz:
sem filho, sem marido, sem cidade, aniquilada.

HÉCUBA

Nada de novo dizes, mas escarneces de quem sabe. 670
Contudo, por que vens o cadáver aí de Polixena
me trazendo, tendo sido anunciado que seu funeral
receberia atenção da mão de todos os aqueus?

SERVA

Essa aí nada sabe, mas, para mim, por Polixena
entoa um treno e não foi tocada pelos novos flagelos. 675

HÉCUBA

Ai de mim, infeliz: então a cabeça báquica
de Cassandra de voz divina trazes para cá?

SERVA

Quem mencionas vive, e não gemes pelo morto,
por este aqui: mas observa o corpo nu do morto,
se te parece um assombro e algo além do esperado. 680

HÉCUBA

Ai de mim, vejo que meu filho está morto,
Polidoro, que o trácio salvava, para mim, em casa.
Pereço, a desvalida; não mais sou, então.
Ó filho, filho,
aiai, dou início à melodia   685
báquica, acabo de saber
dos males de um nume vingador.

CORO

Desvalida, reconheces a desgraça do teu filho?

HÉCUBA

Incrível, incrível, inusitado, inusitado o que encaro.
Males diversos após males diversos ocorrem,   690
nunca um dia sem gemido, sem
    choro se assentará.

CORO

Terríveis, ó infeliz, terríveis males sofremos.

HÉCUBA

Ó filho, filho de mãe desvalida,
de que morte pereces, em que sina jazes,   695
por qual homem?

SERVA

Não sei: o achei na costa do mar.

HÉCUBA

Empurrado ou tombado por lança mortal
na areia macia? 700

SERVA

As vagas do alto-mar o trouxeram.

HÉCUBA

Ai de mim, aiai,
compreendi o que meus olhos viram
em sonho (não me escapou o fantasma
   de negras asas), 705*
o que vi acerca de ti,
filho, não mais estando na luz de Zeus.

CORO

Quem o matou? Hábil em sonhos, sabes dizer?

---

* Em virtude da métrica, a numeração dos versos é irregular. (N. do T.)

HÉCUBA

O meu, meu hóspede, o cavaleiro trácio, 710
junto a quem o velho pai o escondeu.

CORO

Ai de mim, que dizes? Matou para possuir o ouro?

HÉCUBA

Indizível, inominável, para além do assombroso,
nem pio, nem suportável. E a justiça dos hóspedes? 715
Ó execrável dentre os homens, como retalhaste
a pele, e depois de cortar com espada de ferro
os membros desta criança, não te apiedaste! 720

CORO

Infeliz, a mais sofredora das mortais
um nume tornou-te, o qual para ti é pesado.
Mas estou vendo a figura desse senhor,
Agamêmnon, e agora calemos, amigas. 725

AGAMÊMNON

Hécuba, por que tardas em pôr tua filha no túmulo,
sendo a situação aquela que Taltíbio narrou-me,
que nenhum dos argivos tocasse na tua moça?

Nós, de fato, permitimos e não tocamos.
Venho para te pôr a caminho: lá as coisas 730
foram bem feitas, se nisso há algo de bom.
Ea: que homem é esse que vejo junto às tendas,
um morto troiano? De fato, não um argivo os peplos,
envolvendo o corpo, me anunciam que ele seja. 735

HÉCUBA

Desvalida – falo de mim mesma falando de ti –
Hécuba, que devo fazer? Atirar-me contra os joelhos
de Agamêmnon ou suportar os males em silêncio?

AGAMÊMNON

Por que, virando as costas para o meu rosto,
te lamurias e o ocorrido não falas? Quem é esse aí? 740

HÉCUBA

Mas se, considerando-me escrava e inimiga,
dos joelhos me repelir, agonia acrescentaríamos.

AGAMÊMNON

Não nasci um adivinho, para, não ouvindo,
inquirir a trilha dos teus desígnios.

HÉCUBA

Estou avaliando demais do lado da hostilidade 745
o espírito desse aí, não sendo ele hostil?

AGAMÊMNON

Se queres que eu de nada fique sabendo,
então concordamos. De fato, não quero ouvir.

HÉCUBA

Sem ele eu não seria capaz de vingar
os meus filhos. Por que remôo essas coisas? 750
É necessário ousar, quer eu tenha ou não sucesso.
Agamêmnon, suplico-te, junto a teus joelhos,
a teu queixo e a tua venturosa mão direita.

AGAMÊMNON

Procurando o quê? Por acaso, tornar livre
teu tempo de vida? De fato, isso é fácil de te dar. 755

HÉCUBA

Por certo não: vingando-me contra os vis,*

---

* Versos de leitura difícil. Os editores que mantêm os versos 756-757 aceitam a ordem dos manuscritos para os versos 758-759. Já aqueles que consideram 756-757 espúrios, costumam inverter 758 e 759. (N. do T.)

quero ser escrava durante toda minha vida.
Não é nada disso que tu pensas, senhor. 759

AGAMÊMNON

Então tu nos chamas para algum socorro? 758

HÉCUBA

Vês este morto aí sobre o qual verto lágrimas? 760

AGAMÊMNON

Vejo: mas o futuro não consigo apreender.

HÉCUBA

Esse um dia eu gerei e carreguei no meu ventre.

AGAMÊMNON

Mas qual dos teus filhos é ele, ó sofrida?

HÉCUBA

Não é dos Priamidas que morreram em Ílion.

AGAMÊMNON
E geraste algum outro além daqueles, mulher? 765

HÉCUBA
Esse que tu vês: mas foi inútil, como parece.

AGAMÊMNON
Onde ele estava quando a cidade foi destruída?

HÉCUBA
O pai enviou-o para fora, temendo sua morte.

AGAMÊMNON
Para onde o afastou – o único – dos irmãos vivos?

HÉCUBA
Até esta região onde foi achado, morto. 770

AGAMÊMNON
Para junto de Polimestor, que domina esta terra?

HÉCUBA
Para lá foi enviado, como guardião do mais acre ouro.

AGAMÊMNON
Por quem ele foi morto? Que sina obteve?

HÉCUBA
E por quem mais? O hóspede trácio o assassinou.

AGAMÊMNON
Audacioso! Teria sentido desejo de pegar o ouro?   775

HÉCUBA
Isso mesmo, quando soube do desastre dos frígios.

AGAMÊMNON
E onde o achaste? Ou quem trouxe o cadáver?

HÉCUBA
Ela, estando afortunadamente na costa.

AGAMÊMNON
Procurando-o ou envolvida com outra ocupação?

HÉCUBA
Foi buscar água lustral do mar para Polixena.   780

AGAMÊMNON

Tendo-o matado, como parece, o hóspede
                    [arremessou-o.

HÉCUBA

Vagando pelo mar: assim dilacerou sua pele.

AGAMÊMNON

Como és desgraçada devido a sofrimentos sem conta.

HÉCUBA

Pereci, Agamêmnon, e dos males não resta nenhum.

AGAMÊMNON

Phêu phêu: que mulher nasceu tão desafortunada? 785

HÉCUBA

Não há, exceto se mencionasses a própria Fortuna.
Mas as razões pelas quais caio em torno de teu joelho,
ouve. Se para ti o que eu pareço sofrer é pio,
eu suportaria; se for o oposto, vinga-me tu
contra esse homem, o mais ímpio hóspede, 790
que, nem os de baixo da terra nem os de cima

temendo, realizou a ação mais ímpia,
amiúde tendo ganho minha mesa comum
e hospitalidade mais do que outro amigo meu:
após ganhar o devido e minha consideração, 795
matou; com um túmulo, se quis matar,
não o honrou, mas o lançou no mar.
Agora nós somos escravos e talvez sem força;
mas têm força os deuses e o que sobre eles tem poder,
a lei: por meio da lei cremos nos deuses 800
e vivemos distinguindo as coisas injustas e justas;
se ela, estando nas tuas mãos, for eliminada,
e não pagarem sua pena aqueles que matam
hóspedes ou ousam pilhar as coisas sacras dos deuses,
não há nada daquilo que, entre os homens, é seguro. 805
Pondo isso entre o que é vergonhoso, respeita-me,
apieda-te de nós, e, afastado como o pintor,
olha-me e examina os males que eu suporto.
Fui soberana um dia, mas agora sou tua escrava,
tinha um dia boa prole, e agora sou velha e sem prole, 810
sem cidade, solitária, a mais deplorável das mortais.
Como sou infeliz. para onde afastas teu pé de mim?
Eu pareço nada conseguir: ai de mim, infeliz.
Por que então nós, mortais, com as outras lições,
todas que se deve, nos atribulamos e as buscamos, 815
mas a persuasão, a única soberana entre os homens,
nenhum esforço a mais fazemos para, por completo,
taxas pagando, aprendê-la, a fim de que fosse possível
persuadir e obter o que se quisesse?
Por que alguém esperaria obter sucesso? 820
As crianças que existiam não mais são minhas,

e eu mesma parto em opróbrio, prisioneira,
e vejo essa fumaça aí saltando da cidade.
Além do mais (talvez seja estranho ao discurso
propor Cípris, mas mesmo assim será falado), 825
junto aos teus flancos deita minha filha,
a profeta, que os frígios chamam de Cassandra.
Como vais avaliar as noites de amor, senhor?
Pelos amantíssimos abraços na noite,
minha filha terá uma graça, e eu, por ela? 830
Da escuridão e dos filtros noturnos
advém a graça suprema aos mortais.
Agora ouve. Esse morto aí, tu o vês?
Fazendo algo de bom por ele, por teu cunhado
farás. Minha fala de um único ponto ainda carece. 835
Oxalá houvesse uma voz nos meus braços,
nas mãos, no cabelo, na palma dos pés,
graças à técnica de Dédalos ou de algum deus,
para que todas, em uníssono, segurassem
teus joelhos, chorando, espremendo todos os discursos. 840
Ó senhor, ó suprema luz para os helenos,
ouve-me, fornece para esta velha uma mão
vingadora, e, embora nada seja, faça-o todavia.
É próprio do homem nobre servir a justiça
e, de todos os modos e sempre, fazer mal aos maus. 845

CORO

É assombroso como tudo tomba contra os mortais
e as leis da necessidade determinam,

fazendo amigos os maiores inimigos
e tornando odiosos os antes benévolos.

AGAMÊMNON

Eu de ti, de teu filho, de tua fortuna 850
e de tua mão suplicante, Hécuba, apiedo-me,
e quero, devido aos deuses e à justiça,
que o hóspede ímpio pague por ti essa pena,
se ela se mostrasse tal que a ti beneficiasse,
e ao exército eu não parecesse, graças a Cassandra, 855
querer esse assassínio contra o rei trácio.
Há nisso algo inquietante que me ocorreu:
o exército considera esse homem um amigo,
e o morto, um inimigo. Se esse aí te é caro,
isso é uma questão distinta, e não comum ao exército. 860
Além disso, pensa: que tu me tens querendo
trabalhar contigo e sendo rápido em te ajudar,
mas lento, se cair em desgraça junto aos aqueus.

HÉCUBA

Phêu.
Não existe nenhum mortal que seja livre:
ou é escravo de bens ou o é da fortuna, 865
ou a multidão da cidade ou a letra das leis impede
que ele faça uso dos meios conforme sua inclinação.
Mas já que tens medo e governas mais para a multidão,
eu te tornarei livre desse temor.

Planeja, pois, comigo, se eu quiser algum mal 870
contra quem o matou, mas não ajas comigo.
Se da parte dos aqueus algum alarido ou socorro,
quando o trácio sofrer o que sofrerá,
surgir, impede, não parecendo dar-me uma graça.
Todo o resto – coragem! – eu mesma disporei bem. 875

AGAMÊMNON

Como? O que farás? Matarás o homem bárbaro
com velha mão, tomando uma espada,
com venenos ou com alguma ajuda?
Que mão estará contigo? Onde arranjarás amigos?

HÉCUBA

Esses tetos aí escondem uma multidão de troianas. 880

AGAMÊMNON

Falas das prisioneiras, o butim dos helenos?

HÉCUBA

Com elas me vingarei do assassino dos meus filhos.

AGAMÊMNON

Mas como com mulheres haverá poder sobre homens?

HÉCUBA

HÉCUBA
Assombrosa é a multidão com um ardil, e invencível.

AGAMÊMNON
Assombrosa: mas eu desconsidero a força feminina. 885

HÉCUBA
O quê? As mulheres não agarraram os filhos de Egito
e completamente despovoaram Lemnos de homens?
Mas seja assim; deixa essa fala de lado
e envia, em segurança, pelo meio do exército,
essa mulher. E tu, aproximando-te do hóspede trácio, 890
dize: "Chama-te a antiga rainha de Ílion,
Hécuba (teu interesse não é menor que o dela),
e a teus filhos, porque eles também devem conhecer
suas palavras." E o funeral de Polixena,
há pouco imolada, contém, Agamêmnon, 895
para que os irmãos, lado a lado, em uma chama,
dupla aflição para a mãe, sejam cobertos pela terra.

AGAMÊMNON
Isso será assim: de fato, se para o exército houvesse
tempo bom, não te poderia dar essa graça;
mas agora, como o deus não envia ventos favoráveis, 900
é necessário, olhando plácidos, aguardar a viagem.

Que tudo fique bem: isto é comum a todos,
a cada um em particular e à cidade, que o mau
sofra algum mal, e o nobre seja afortunado.

CORO

E tu, ó pátria iliádica, [estrofe a
não mais contarás entre as cidades inexpugnáveis: 906
tal nuvem de helenos te encobre,
com a lança, lança te devastaram.
Tosaram tua coroa, 910
   tuas torres, e com a mancha
penosíssima do tição te sujaram.
Infeliz, não mais em ti porei o pé.

No meio da noite, pereci, [antístrofe a
o tempo em que, após o jantar, o doce sono sobre
                                                    [os olhos 915
espraia-se, depois dos cantos e tendo encerrado
o sacrifício que rege dança,
o marido no tálamo
   jazia, a lança no prego, 920
não mais vendo a tropa de nautas
pondo o pé na Trôade iliádica.

Mas eu o cabelo com touca [antístrofe b
que prende ritmava,
olhando nos raios sem fim dos espelhos doirados, 925
antes de cair na cama, nos lençóis.
Mas um alarido subiu para a cidadela,

e uma exortação havia pela cidade de Tróia: "Ó
filhos de helenos, quando, quando, a 930
atalaia iliádica
devastando, voltareis para casa?"

Com um só peplo o amado leito [antístrofe b
tendo deixado, como uma jovem dória,
sofrida, foi inútil sentar-me junto à grandiosa Ártemis: 935
fui levada, depois de ver meu esposo
morto, para o mar salino;
mirando a cidade, quando a nau
moveu o pé que retorna e me separou 940
da terra iliádica,
infeliz, sucumbi à dor,

a Helena, irmã dos Dioscuros, e ao pastor [epodo
   do Ida,
funesto Páris, maldições 945
ofertando, já que a terra
pátria me fez perder
e as casas despovoou o casamento que não é
                    [casamento, mas
um tormento de um nume vingador:
que ela nem o mar salino reconduza novamente, 950
nem alcance a morada pátria.

POLIMESTOR

Ó Príamo, caríssimo entre os homens, e tu,

caríssima Hécuba, choro ao ver a ti, tua cidade
e tua filha que recentemente morreu. 955
Phêu:
Não existe nada confiável, nem o renome,
nem que não fracasse quem tem sucesso.
Os deuses confundem tais coisas, para trás e para
[frente
promovendo uma perturbação, para que, na
[ignorância,
os veneremos. Mas por que carece que essas coisas 960
lamentemos, de nenhum modo superando os males?
E tu, se teces críticas devido à minha ausência,
pára, pois no interior da Trácia ocorreu
eu estar ao vires para cá: mas quando cheguei,
já para fora da casa erguendo o pé, 965
para cá mesmo, encontrou-me tua serva,
e parti depois de ouvi-la falar suas palavras.

Hécuba

Tenho vergonha de encarar-te de frente,
Polimestor, posta em meio a tais males.
Diante de quem me viu sendo afortunada, tenho
[pudor, 970
encontrando-me nesta sina onde agora estou,
e não seria capaz de encarar-te com retas pupilas;
mas não consideres isso malevolência contra ti,
Polimestor: há, além disso, uma causa, o costume
de as mulheres não poderem olhar os homens de frente. 975

POLIMESTOR

Não é nenhum assombro. Mas para que te sou útil?
Por que convocaste meu pé para fora de casa?

HÉCUBA

Uma coisa privada minha eu quero para ti
e para teus filhos falar; mas teus acompanhantes,
ordena que se posicionem afastados das tendas. 980

POLIMESTOR

Afastai-vos: em segurança está este lugar deserto.
Tu és minha amiga, e muito meu amigo é esse
exército de aqueus. Mas deves me anunciar:
como deve quem tem sucesso socorrer os amigos
que não têm sucesso? Pois eu estou disposto. 985

HÉCUBA

Primeiro fale-me da criança, Polidoro,
que, vindo da minha mão e do pai, manténs em casa,
se vive: o restante em segundo lugar te direi.

POLIMESTOR

Por certo. Quanto a essa parte, tu és afortunada.

HÉCUBA

Caríssimo, como falas bem e digno de ti. 990

POLIMESTOR

O que queres, em segundo lugar, apreender de mim?

HÉCUBA

Se ele se lembra algo desta sua genitora.

POLIMESTOR

Sim, e procurou vir para cá, até ti, escondido.

HÉCUBA

Mantendo a salvo o ouro que partiu de Tróia?

POLIMESTOR

Sim, a salvo, guardando na minha morada. 995

HÉCUBA

Salva-o, portanto, e não desejes o ouro dos teus
[vizinhos.

POLIMESTOR

Claro que não: que eu lucre com o que tenho, mulher.

HÉCUBA

Sabes, assim, o que quero falar para ti e teus filhos?

POLIMESTOR

Não sei: indicarás isso por meio de teu discurso.

HÉCUBA

Existem, ó tu tão amado agora por mim... 1000

POLIMESTOR

O que carece que eu e meus filhos saibamos?

HÉCUBA

... antigas cavernas de ouro dos Priamidas.

POLIMESTOR

Isso é o que queres indicar para teu filho?

HÉCUBA

Por certo, e através de ti, pois és um homem reverente.

POLIMESTOR

Por que então é necessária a presença de meus filhos? 1005

HÉCUBA

É melhor, caso morras, que delas saibam.

POLIMESTOR

Falaste bem; além disso, sabiamente.

HÉCUBA

Sabes onde ficam as criptas de Atena de Ílion?

POLIMESTOR

Lá está o ouro? Existe algum sinal?

HÉCUBA

Uma pedra negra erguendo-se sobre o solo. 1010

Polimestor
Há algo mais que queres me dizer acerca do lugar?

Hécuba
Quero que salves as riquezas com as quais parti.

Polimestor
E onde estão? Dentro do peplo ou as manténs
[escondidas?

Hécuba
A salvo nas tendas, em meio a uma multidão de
[despojos.

Polimestor
E onde? Isso aí é o entorno do ancoradouro aqueu. 1015

Hécuba
As tendas, privadas, são das mulheres prisioneiras.

Polimestor
Dentro é confiável e está vazio de homens?

HÉCUBA

Nenhum dos aqueus está dentro, mas só nós,
                    [mulheres.
Mas segue para a tenda, pois os argivos dos navios
as amarras soltam, ansiando ir de Tróia para casa: 1020
assim, fazendo tudo que deves, avança de volta
com teus filhos aonde puseste a morar meu rebento.

CORO

Ainda não pagaste, mas com eqüidade pagarás tua
                    [pena:
como alguém que cai em águas sem porto,   1025
tombarás para fora do que quer teu coração,
depois de roubar a vida. Onde a obrigação
para com a justiça e para com os deuses coincide,   1030
há ruinoso, ruinoso mal.
Engana-lo-á a esperança dessa via, que o conduziu
para o funesto Hades, ó infeliz,
e deixarás a vida por meio de mão não guerreira.

POLIMESTOR

(de dentro)
Ai de mim, infeliz, sou cegado no brilho dos olhos.   1035

CORO

Escutastes o lamento do homem trácio, amigas?

POLIMESTOR

Ai de mim ainda mais, filhos, por imolação desvalida.

CORO

Amigas, novos males executaram-se dentro da tenda.

POLIMESTOR

Mas não me escaparcis com pé ligciro.
Arremessando, arrasarei os recessos desta tenda. 1040
Olha, um projétil é lançado da pesada mão.

CORO

Quereis que nos lancemos para dentro? O ápice
[chama-nos
para estar junto a Hécuba e às troianas como aliadas.

HÉCUBA

Golpeai, nada eviteis, escancarando as portas:
nunca a visão brilhante reporás nas pupilas, 1045
nem os filhos, os quais eu matei, verás vivos.

CORO

Agarraste, de fato, o trácio e tens poder sobre o
[hóspede,
senhora, e executaste o que estás dizendo?

HÉCUBA

De imediato o vereis diante da tenda,
cego, marchando com tresloucado pé cego, 1050
e os corpos dos dois filhos, os quais eu matei
com essas excelentes troianas: a pena a mim
pagou. Ele avança, como vedes, para fora da tenda.
Para longe, todavia, irei e me afastarei,
já que o coração trácio ferve, incombatível. 1055

POLIMESTOR

Ai de mim, aonde devo marchar, postar-me, aportar,
a marcha de uma fera montês, quadrúpede,
impondo sobre mãos e pés? Para qual via,
essa ou aquela, devo me dirigir, as 1060
ilíadas assassinas-de-homens querendo agarrar,
as quais me destruíram?
Míseras jovens frígias, míseras,
ó malditas,
para que parte dos recessos fogem com medo de mim? 1065
Oxalá cuides, cuides, Hélio,
da pálpebra em sangue dos meus olhos,
o brilho cego afastando.
Ah, ah,
silêncio: percebo a marcha furtiva,
aí, das mulheres. Aonde, lançando o pé, 1070
de carnes e ossos posso me encher,
instaurando um festim de feras agrestes,

ganhando o pagamento por meu ultraje
e minha ruína, ó mísero?
Aonde sou levado, como, deixando sós meus filhos
para serem retalhados pelas bacantes do Hades,
degolados, banquete de sangue para os cães,
    expostos na montanha selvagem?
Aonde devo me postar, descansar, marchar,
como um barco com cabos marinhos as velas
de linho preparando, precipitando-me sobre essa
cova ruinosa, guardião dos meus filhos?

Coro

Sofrido, sobre ti caíram males insuportáveis;
para quem faz o que é vergonhoso, castigo terrível
deu um nume que para ti é pesado.

Polimestor

Aiai, *ió*, linhagem trácia, lanceira, em armadura,
    de bons cavaleiros, subordinados a Ares.
Ió aqueus, *ió* Atridas:
grito, grito, eu brado um grito;
vinde, chegai, pelos deuses.
Alguém me ouve ou ninguém me defende? Por que
                                   [tardais?
Mulheres destruíram-me,
mulheres prisioneiras;
terríveis, terríveis coisas sofremos.

Aiai pelo meu ultraje.
Aonde devo me dirigir, me encaminhar?
Voarei para o alto, para a casa celeste 1100*
onde Órion ou Sírio lançam raios de fogo
brilhantes dos olhos, ou me lançarei, 1105
infeliz, através do negro rio do Hades?

Coro

Entende-se, quando alguém males mais que suportáveis
sofre, que se livre de sua mísera vida.

Agamêmnon

Tendo ouvido um berro, vim: não placidamente
gritou através do exército a criança da rocha dos
[morros, 1110
Eco, causando um alarido: se não soubéssemos
que os muros frígios haviam caído pela lança helena,
esse barulho teria causado um não mediano temor.

Polimestor

Caríssimo – percebo-te, de fato, Agamêmnon, tua
voz escutando –, observas o que estamos sofrendo? 1115

---
* Cf. nota aos versos 705-725. (N. do T.)

AGAMÊMNON

Éa:
Polimestor, ó desvalido, quem te destruiu?
Quem cegou tua vista, sangrando as pupilas,
e essas crianças matou? Negra bile
contra ti e teus filhos tinha, seja quem for.

POLIMESTOR

Hécuba a mim, com suas mulheres prisioneiras, 1120
destruiu – destruiu não, mas mais do que isso.

AGAMÊMNON

Que dizes? Efetuaste essa ação, como ele diz?
Tu arriscaste, Hécuba, essa ousadia impossível?

POLIMESTOR

Ai de mim, que dizes? Ela está aí por perto?
Indica, dize onde, para que, agarrando com as mãos, 1125
eu dilacere e faça sangrar a sua pele.

AGAMÊMNON / POLIMESTOR

Tu aí, o que é que tu tens?   Pelos deuses, suplico-te,
permite que eu envie esta alucinada mão contra ela.*

---

* Como a métrica das tragédias gregas é bastante rígida, indicamos na tradução que Agamêmnon fala metade do versos 1127 e Polimestor, a outra, continuando sua fala no verso 1128. (N. do T.)

AGAMÊMNON

Chega: após lançar para fora do coração a barbárie,
fala, para que, ouvindo a ti e, por sua vez, a ela, 1130
eu julgue com justiça o porquê de sofreres isso.

POLIMESTOR

Falarei. Havia um dos Priamidas, o mais novo,
Polidoro, filho de Hécuba, que de Tróia a mim
o pai, Príamo, entregou para nutrir em casa,
desconfiado, por certo, da conquista de Tróia. 1135
Esse eu matei: mas por que eu o matei,
escuta, pois fiz bem e com sábia previdência.
Temi que, restando esse filho, teu inimigo,
ele juntaria e comporia o que restou de Tróia,
e os aqueus, sabendo que um dos Priamidas vivia, 1140
levantariam velas de novo rumo à terra dos frígios,
e então esta planície trácia iriam devastar,
pilhando, e seria um horror para os vizinhos
dos troianos, tal como nos exaurimos há pouco,
[senhor.
Hécuba, sabendo do destino mortal de seu filho, 1145
com este discurso me conduziu, falando que
em Ílion havia urnas escondidas dos Priamidas
com ouro: conduziu-me, sozinho com meus filhos,
à tenda, para que nenhum outro disso soubesse.
Sentei-me no meio do banco, dobrando os joelhos; 1150
e muitas moças troianas, umas do meu lado direito,
outras do esquerdo, como se ao lado de um amigo

tomassem assento, o tecido de mão edona
louvavam, olhando este peplo contra o sol;
mas outras, encarando as duas lanças trácias, 1155
despojaram-me de meu duplo equipamento.
Aquelas que eram mães, olhando com admiração,
brandiam as crianças nas mãos, para que longe do pai
ficassem, passando-as em seqüência, de mão em mão.
Depois — não imaginas —, após os calmos abraços, 1160
de imediato tirando uma espada dos peplos,
aguilhoavam meus filhos, e outras, como polvos,
tendo agarrado em conjunto, seguravam minhas mãos
e pernas: desejando socorrer meus filhos,
cada vez que eu erguia o meu rosto, 1165
sustinham-me pelo cabelo, e, quando movia as mãos,
contra a multidão de mulheres nada podia fazer.
Quanto ao restante, flagelo maior que flagelo,
realizaram coisas terríveis: tendo pego broches,
dos meus olhos as pupilas extenuadas 1170
aguilhoam, sangram: depois, pela tenda,
puseram-se em fuga. E eu, para fora tendo saltado
como uma fera, persigo as cadelas sujas de sangue,
procurando por todas as paredes, como um caçador
batendo, golpeando. Com ardor buscando a tua graça, 1175
essas coisas sofri, teu inimigo tendo morto,
Agamêmnon. Para que eu não estenda essa fala,
se alguém dos de antanho falou mal das mulheres,
ou alguém agora está falando ou no futuro vai falar,
abreviando todas essas coisas, eu digo: 1180
uma linhagem tal nem o mar nem a terra
nutre; quem vai experimentar, sabe.

Coro

Não te arrisques, nem, por causa de teus males,
critiques de um só golpe toda a linhagem feminina.
Há muitas de nós: algumas são invejosas, 1185
outras escapamos de numerosas vilezas.

Hécuba

Agamêmnon, para os homens nunca foi costume
que a língua tivesse mais força que os atos;
mas, se fez coisas nobres, deve falar coisas nobres,
e, se coisas vis, as palavras devem ser malsãs, 1190
e jamais capaz de falar bem de coisas injustas.
Sim, são sábios os que burilam essas coisas,
mas não são capazes de serem sábios até o fim,
e perecem vilmente: ninguém, de algum modo,
                          [escapou.
O que tenho para te dizer tem essa introdução; 1195
mas contra esse aí irei e com palavras responderei:
dizes que, afastando uma segunda agrura dos aqueus
e por causa de Agamêmnon, mataste meu filho.
Mas primeiramente, ó vil, jamais amiga
dos helenos se tornaria a linhagem bárbara 1200
e nem poderia. E que graça, então, eras zeloso
em buscar com ardor? Para desposares alguém,
por seres parente ou tendo qual razão?
Ou iam cortar da tua terra os brotos,
de novo navegando? Quem pensas convencer disso? 1205
O ouro, se quisesses falar a verdade,

matou o meu filho, e teus desejos de ganho.
Pois explica isto: como, quando afortunada
era Tróia, um muro havia em torno da cidadela,
Príamo vivia e florescia a lança de Heitor, 1210
por que, se para esse aí uma graça querias
conferir, nutrindo meu filho e mantendo-o em casa,
não o mataste ou vieste conduzindo-o vivo aos argivos?
Mas, quando nós não mais estávamos na luz,
e fumaça indicava a cidade tomada pelo inimigo, 1215
mataste o hóspede que viera ao teu fogo-lar.
Em adição a isso, escuta como te mostras vil:
se fosses amigo dos aqueus, era preciso que tu
entregasses o ouro, que dizes não ser teu, mas desse aí,
trazendo-o para os que sofreram agruras e por longo 1220
tempo estão no estrangeiro, longe da terra pátria;
mas tu não te resignas nem agora a afastá-lo
da tua mão, pois ainda persistes em tê-lo em casa.
Além do mais, nutrindo – como devias nutrir o teu –
e salvando o meu filho, terias uma bela glória: 1225
em meio a males, os bons mostram-se mais claramente
amigos; a prosperidade em si tem sempre amigos.
Se tinhas falta de riquezas, e ele era afortunado,
meu filho seria um grande tesouro para ti;
agora, aquele homem não tens como teu amigo, 1230
a utilidade do ouro e teus filhos se foram
e tu mesmo estás assim. E para ti eu digo,
Agamêmnon: se a esse socorres, vil te mostrarás;
serás bom a um hóspede que não foi reverente,
nem confiável para quem devia, nem pio, nem justo. 1235
Diremos que concedes graças aos vis, tu mesmo
sendo desse tipo; os senhores, porém, não vitupero.

Coro

Phêu phêu: como, para os homens, as ações nobres
sempre conferem o ponto de partida de nobres
                    [palavras.

Agamêmnon

É-me penoso julgar as vilezas de outros, 1240
todavia, necessário: de fato, é uma vergonha
afastar esse assunto depois de tomá-lo nas mãos.
Entende que, para mim, não pareces, nem como graça
para mim, nem para os aqueus, ter matado o hóspede,
mas a fim de que tivesses aquele ouro em tua casa. 1245
Em meio a males, falas o que é útil para ti mesmo.
Para vós, é rápido e fácil matar hóspedes;
agora, para nós, helenos, isso é vergonhoso.
Como eu fugiria do opróbrio se te julgasse inocente?
Eu não seria capaz. Mas já que o não belo 1250
ousaste fazer, suporta o não amigável.

Polimestor

Ai de mim, inferior, como parece, a uma mulher
escrava, sofrerei punição da parte dos mais vis.

Hécuba

Mas não com justiça, já que vilezas cometeste?

POLIMESTOR

Ai de mim, infeliz por essas crianças e meus olhos.   1255

HÉCUBA

Dói? Crês, então, que por meu filho não sinto dor?

POLIMESTOR

Alegras-te agredindo-me, ó tu que és capaz de tudo.

HÉCUBA

Não devo alegrar-me, contra ti tendo-me vingado?

POLIMESTOR

Mas não tão rápido, quando a ti o úmido mar…

HÉCUBA

Levar aos limites da terra helena, pois não?   1260

POLIMESTOR

… na verdade, encobrir após caíres do cesto da gávea.

HÉCUBA

Obtendo esse salto violento por meio de quem?

POLIMESTOR

Tu mesma pelo mastro do navio subirás com o pé.

HÉCUBA

Com asas nas costas ou de que modo?

POLIMESTOR

Uma cadela com olhares vermelhos como fogo. 1265

HÉCUBA

Como conheces a transformação da minha forma?

POLIMESTOR

O adivinho dos trácios, Dioniso, disse essas coisas.

HÉCUBA

E para ti não revelou nenhum dos males que sofres?

POLIMESTOR
Não, pois nunca terias me agarrado assim, com um
[ardil.

HÉCUBA
Morta ou viva completarei, aqui, minha vida?   1270

POLIMESTOR
Morta: um nome será dado para tua sepultura…

HÉCUBA
Uma alusão à minha forma é o que queres dizer?

POLIMESTOR
… "túmulo da infeliz cadela", um sinal para os nautas.

HÉCUBA
Nada me preocupa, após teres pago tua pena.

POLIMESTOR
E é necessário que morra tua filha, Cassandra.   1275

HÉCUBA

Cuspo fora: que o mesmo valha para ti.

POLIMESTOR

A esposa desse aí, acre guardiã da casa, matá-la-á.

HÉCUBA

Que a Tindarida nunca enlouqueça desse modo.

POLIMESTOR

E também matará esse aí, erguendo uma machada.

AGAMÊMNON

Tu aí, enlouqueces e desejas males obter? 1280

POLIMESTOR

Mata-me, pois em Argos te aguarda um banho
                                    [assassino.

AGAMÊMNON

Escravos, não o tirais do caminho com violência?

POLIMESTOR	AGAMÊMNON
Sentes dor, ouvindo?	Não contereis sua boca?*

POLIMESTOR	AGAMÊMNON
Fechai, pois está falado.	O mais rápido possível*

não o lançareis em alguma ilha deserta,   1285
já que ele é assim, excessivamente insolente?
Quanto a ti, Hécuba, ó infeliz, vai e enterra
os dois mortos; e carece que vós vos aproximeis
das tendas dos vossos senhores, troianas, pois já vejo
aqueles ventos que transportam para casa.   1290
Que bem naveguemos para a pátria, que vejamos
as coisas bem em casa, afastados dessas agruras.

CORO

Ide ao porto e às tendas, amigas,
para experimentar as fadigas
senhoriais: é dura a necessidade.   1295

---
* Cf. nota aos versos 1127-1128. (N. do T.)

TROIANAS

Posêidon

Eu, Posêidon, chego após deixar o salgado Egeu,
o fundo do mar, onde coros de Nereidas
desenlaçam do pé o mais belo rastro.
Sim, desde que, ao redor desta terra troiana,
Febo e eu torres de pedra no perímetro   5
a reta régua erguemos, nunca de meu espírito,
contra a cidade, partiu o afeto por meus frígios;
ela agora fumega e por obra da lança argiva
está em ruínas, saqueada. O parnasiano,
o focídio Epeios, com engenhos de Palas   10
tendo construído um cavalo prenhe de armas,
muro adentro expediu o fardo ruinoso.
Donde por homens vindouros será chamado
lígneo cavalo por encerrar oculta lança.
Matas desertas e de deuses mansões   15
descambam em sangue: ao pé da base do altar
de Zeus Caseiro, Príamo está prostrado, morto.
E muito ouro e frígio despojo
às naus aquéias foram enviados: aguardam
vento de popa, para, no décimo outono,   20
rever, satisfeitos, mulheres e crianças
os que rumaram, helenos, contra esta cidade.

Quanto a mim (pois vencido pela deusa argiva,
Hera, e Atena, que juntas arrebataram os frígios),
deixo a gloriosa Ílion e os meus altares: 25
quando a maligna desolação conquista a urbe,
o divino adoece e não quer ser honrado.
Junto com os muitos ululos das prisioneiras
que por sorteio obtêm seus senhores, grita o
                              [Escamandro.
Umas, a tropa árcade, outras, a tessália 30
e os Teseidas, chefes dos atenienses, obtiveram.
As troianas não sorteadas sob esses tetos
aí estão, separadas para os primeiros
da armada, e com elas a Tindarida lacônia,
Helena, que com justiça é prisioneira. 35
E a afligida, essa aí, se alguém a quer ver,
Hécuba está deitada diante dos portais,
vertendo lágrimas, muitas e por muitos;
sua filha, Polixena, junto à placa tumular
de Aquiles furtivamente morreu, plangente. 40
Príamo e os filhos partiram; e, virgem,
o senhor Apolo repudiou Cassandra, girante,
e deixando de lado o que é do deus e a reverência,
Agamêmnon desposa, à força, escuso leito.
Assim, adeus, ó cidade um dia afortunada 45
e muralha torneada: se não te tivesse aniquilado
Palas, filha de Zeus, ainda estarias de pé.

ATENA

Pode-se com parente paterno mui próximo,

nume poderoso e honrado entre os deuses,
falar, depois de eu ter dissolvido o ódio antigo? 50

POSÊIDON

Pode-se: são as relações familiares,
senhora Atena, amavio não miúdo sobre o espírito.

ATENA

Elogio ânimos gentis: trago ao centro assunto
de interesse comum, teu e meu, senhor.

POSÊIDON

Acaso anuncias palavra nova de um deus, 55
ou da parte de Zeus ou de um dos numes?

ATENA

Não, mas por causa de Tróia, onde caminhamos,
aproximo-me de teu poder para dele compartilhar.

POSÊIDON

Por certo não dela, por fogo incinerada,
agora te apiedas, expelindo ódio antigo? 60

ATENA

Volta ao início: partilharás dos meus planos
e comigo quererás o que eu quiser fazer?

POSÊIDON

Por certo, mas quero saber do teu interesse:
vieste por causa dos aqueus ou dos frígios?

ATENA

Quero agradar aos trôades antes odiosos 65
e lançar um acre retorno à armada aquéia.

POSÊIDON

Por que saltas assim pra lá, depois pra cá,
muito odeias e amas aquele em quem ao acaso acertas?

ATENA

Não sabes que fui ultrajada eu e meu templo?

POSÊIDON

Sei, quando Ájax arrastou Cassandra com violência. 70

ATENA
E nada terrível sofreu ou ouviu dos aqueus.

POSÊIDON
Todavia devastaram Ílion com teu vigor.

ATENA
Por isso contigo pretendo fazer-lhes mal.

POSÊIDON
Estou pronto para o que pretendes. Que farás?

ATENA
Volta sem volta contra eles quero lançar. 75

POSÊIDON
Eles ficando em terra ou sobre o salso mar?

ATENA
Quando de Ílion navegarem para casa,
Zeus enviará chuva, granizo indizível
e lufadas escurecedoras do céu:

a mim diz que dará fogo relampejante 80
para lançar nos aqueus e queimar as naus a fogo.
E tu, tua parte, fornece um percurso egeu
fremindo em vagalhões e remoinhos do mar,
e enche de corpos o curvo baixio da Eubéia,
para que, no futuro, saibam os aqueus 85
reverenciar meu templo e venerar os outros deuses.

POSÊIDON

Assim será: a graça não tem necessidade
de longos discursos; turvarei o salso Egeu.
As falésias de Míconos, os escolhos délios,
Ciro, Lemnos e o cabo cafareu 90
terão os corpos de muitos mortos – cadáveres.
Mas segue ao Olimpo e, as setas relampejantes
tomando das mãos do pai, presta atenção
quando a armada argiva soltar as amarras.
Louco é o mortal que saqueia cidades, 95
templos e túmulos, dos finados o sagrado:
talando-os, ele perecerá depois.

HÉCUBA

Levanta, desventurosa: do solo a cabeça
reergue e o pescoço. Não mais Tróia
está aí, e somos a rainha de Tróia. 100
O nume mutante agüenta.
Navega conforme o curso, conforme o nume,

e não ponhas a proa da vida
contra as ondas, navegando ao acaso.
Aiai, aiai! 105
Por que não posso gemer, eu, infeliz,
cuja pátria, os filhos e o marido fenecem?
Ó grande orgulho dos ancestrais
que se recolhe: afinal, nada eras!
Por que careço calar? Por que não calar? 110
Por que um treno soar?
Desvalida de mim devido à pesada
flexão dos membros: o que passo,
deitada de costas no leito rude.
Ai a cabeça, ai as têmporas 115
e os flancos; que anseio por rodopiar
e espalhar minhas costas e espinha
para ambos os lados dos meus membros,
visando a elegias plenas de lágrimas.
Até isto é musa para os desvalidos: 120
bramir desgraças sem coros.

Proas dos navios, com velozes
remos chegando à sacra Ílion
pelo mar purpúreo e por
portos helenos de bom abrigo, 125
com o odioso peã dos aulos
e ao som de siringes bem-soantes,
a egípcia arte
trançada vós ligastes,
aiai, aos ventres de Tróia, 130
para encontrar a odiosa

esposa de Menelau, ultraje para Cástor
e inglória para o Eurotas,
a qual imolou
o semeador de cinqüenta filhos,   135
Príamo, e a mim, infeliz Hécuba,
naufragou nesta desgraça.
Ai de mim, em tais assentos me sento,
assentados junto às tendas de Agamêmnon.
Escrava, sou conduzida,   140
anciã, de casa, com aflita
cabeça, lastimosa pilhagem.
Porém, ó esposas infelizes
dos troianos de brônzeas lanças
e moças de mau noivado,
fumega Ílion, plangemos.   145
Como a mãe um estrídulo às aladas
aves, assim dirigirei eu
uma música, não a mesma
que, outrora —
Príamo apoiado sobre o cetro —,   150
com os golpes do pé coro-condutor,
estrondosos, dirigia aos deuses frígios.

1º. Semicoro

Hécuba, por que pregoas, vociferas?   [estrofe a
Aonde vai a fala? Pelos telhados
ouvia os lamentos que lamentavas.   155
O temor se lança pelo peito

contra as troianas, que dentro de casa
plangem a escravidão.

HÉCUBA

Crianças, já para as naus aquéias
a mão remadora se move. 160

CORO 1

Ai de mim, o que querem? Já agora me
trasladarão da terra pátria?

HÉCUBA

Não sei, mas conjecturo uma desgraça.

CORO 1

Ió ió.
Ó infelizes, para ouvir tribulações, 165
troianas, arrojai-vos de casa:
os argivos aprontam a volta.

HÉCUBA

É é.
Mas não minha,

Cassandra, bacante,
vergonha entre os argivos, 171
mênade, conduzi para fora: 170
não se una agonia à minha agonia.
Ió ió.
Desvalida Tróia, Tróia, feneces,
e desvalidos são os que te abandonam,
tanto os viventes quanto os penados. 175

2º. Semicoro

Ai de mim. Tremendo, deixei as tendas, [antístrofe a
essas de Agamêmnon, para ouvir,
rainha, de ti: não me matar, infeliz,
é a decisão dos argivos?
Ou nas popas os nautas já 180
se aprontam para mover os remos?

Hécuba

Filha, n'alma, que madrugou,
vim abalada pelo horror.

Coro 2

Já chegou um arauto dos dânaos?
Com quem eu, uma escrava infeliz, me deito? 185

HÉCUBA

Acho que jazes próximo do sorteio.

CORO 2

Ió ió.
Quem dos argivos, dos ftiotidas
ou de uma terra insular conduzir-me-á,
desvalida, para longe de Tróia?

HÉCUBA

Phêu phêu. 190
Para quem a miserável,
onde e como na terra, anciã, serei escrava,
tal qual um zangão, a coitada,
a forma de um cadáver,
atavio sem força dos mortos,
aiai, aiai,
diante dos portões montando guarda
ou ama de crianças, a que tinha 195
as principiais honras de Tróia?

CORO

Aiai, aiai, com quais lamentos [estrofe b
plangerias esta ruína?
Não a agulha, nos teares do Ida

virando, voltearei. 200
Enxergo as casas dos pais pela derradeira vez,
derradeira... E terei labutas mais duras:
ou achegando-me das camas dos gregos
(suma essa noite e o nume),
ou carregando a água da Pirene, 205
serviçal miseranda de águas grandiosas.
Oxalá vamos à gloriosa,
à venturosa terra de Teseu.
Jamais ao remoinho do Eurotas 210
e à morada hostil de Helena,
onde, escrava, encararei Menelau,
o saqueador de minha Tróia.

A grandiosa terra do Peneios, [antístrofe b
sopé belíssimo do Olimpo, 215
ouvi um rumor que nela abundam riquezas
e boas frutas bem floridas:
é minha segunda opção depois da sacra,
da mui divina terra de Teseu.
E a etnéia, a terra 220
de Hefesto, em face da fenícia,
mãe dos montes sicilianos, ouço-a
anunciar com coroas suas virtudes;
e a terra vizinha
para um nauta sobre o Iônio mar, 225
banhada pelo mais belo,
o que avermelha a cabeleira loura,
Crátis, nutrindo com fontes mui divinas
e tornando rica a terra de bons varões.

Mas olha aí, do exército dos dânaos 230
o arauto, partidor de novas palavras,
marcha deixando rastro velocípede.
Que traz? Que fala? Pois escravas
da terra dória já somos.

TALTÍBIO

Hécuba — pois sabes que amiúde fiz 235
a rota a Tróia, arauto do exército aqueu,
sendo reconhecido, então, antes por ti, mulher —,
venho eu, Taltíbio, para anunciar nova palavra.

HÉCUBA

Isso, isso, amadas troianas, era temido há muito.

TALTÍBIO

Já vos sortearam, se esse era vosso medo. 240

HÉCUBA

Aiai, que
cidade da Tessália, da Ftia ou da região cadméia
mencionas?

TALTÍBIO

A um varão cada uma — não juntas fostes sorteadas.

HÉCUBA

Quem obteve quem? Por qual das troianas aguarda
afortunada sina? 245

TALTÍBIO

Sei, mas uma questão por vez, não todas juntas.

HÉCUBA

Minha filha,
quem obteve – fala! – a infeliz Cassandra?

TALTÍBIO

Separada, tomou-a o senhor Agamêmnon.

HÉCUBA

Para a noiva lacedemônia
como escrava? Ai de mim. 250

TALTÍBIO

Não, mas como escusa noiva de cama.

HÉCUBA

A virgem de Apolo, a ela um privilégio
não deu o de louros cachos: vida sem cama?

TALTÍBIO
Alvejou-o o desejo pela moça que tem o deus.   255

HÉCUBA
Atira, filha, os ramos mui
 divinos e da tua pele, guirlandas
 que vestias, os acessórios sagrados.

TALTÍBIO
Sim; não lhe é ótimo acertar a cama real?

HÉCUBA
E a criança que há pouco tomastes de mim,   260
onde ela está?

TALTÍBIO
Mencionas Polixena ou quem procuras?

HÉCUBA
Essa: a quem o sorteio a subjugou?

TALTÍBIO
Dispôs-se que servisse ao túmulo de Aquiles.

HÉCUBA

Ai de mim! Gerei uma serviçal de funerais. 265
A propósito, que lei é essa, ou que
costume dos helenos, meu amigo?

TALTÍBIO

Proclama venturosa tua filha: ela está bem.

HÉCUBA

Que balbuciaste?
Ela vê o sol? 270

TALTÍBIO

O destino a possui, e assim se afastou de agruras.

HÉCUBA

E a senhora do bom-de-armas Heitor,
pobre Andrômaca, possui que fortuna?

TALTÍBIO

Ela, separada, tomou-a o filho de Aquiles.

HÉCUBA

E eu sou serviçal de quem, de terceira perna 275
carecendo, de bengala, para velha mão?

TALTÍBIO

Odisseu, o senhor de Ítaca, obteve-te como escrava.

HÉCUBA

É é.
Fere a cabeça tosada,
rasga com as unhas as duas bochechas. 280
Ai de mim, de mim.
Fui obtida por torpe solerte
homem para ser escrava,
averso aos costumes, animal celerado,
que tudo de lá pra cá torce, 285
e o contrário de novo pra lá,
com dupla língua,
o antes amigo, às avessas, tornando inimigo.
Chorai-me, troianas.
De pé estou, malsinada, e parto, a 290
pobre, em desafortunadíssimo
sorteio caí.

CORO

Sei da tua situação, senhora; mas nossa fortuna,
quem dos aqueus ou dos helenos a detém?

TALTÍBIO

Ide, carece carregar Cassandra para cá
rapidamente, escravos, a fim de que eu,   295
tendo-a dado ao comandante, depois as cativas
que foram sorteadas aos outros conduza.
Éa! De que tocha, lá dentro, arde um brilho?
As troianas queimam seus recessos – ou que fazem –,
vendo-se em vias de serem levadas desta terra   300
para Argos, e incendeiam seus próprios corpos,
pretendendo perecer? Sim, a liberdade,
nesses casos, inquietamente atura males.
Abre, abre, que não lance a culpa a mim
o que é útil a elas, mas hostil aos aqueus.   305

HÉCUBA

Por certo não: não queimam, mas minha filha,
mênade, lá pula, Cassandra girante.

CASSANDRA

Ergue, traze, a luz carrega: venero, alumio –   [estrofe
olha, olha –
com tochas este templo. Ó senhor Himeneu: 310
abençoado o esposo
e abençoada eu, leito real
desposando em Argos.
Hímen, ó senhor Himeneu!
Já que tu, mãe, em lágrimas e   315
gemidos meu falecido pai e a pátria

amada estás a lamentar,
eu, visando a minhas bodas,
inflamo a luz do fogo 320
para o fulgor, para o brilho,
dando, ó Himeneu, a ti,
dando, ó Hécate, a luz
quando das bodas da virgem,
como é costume.

Agita o pé no céu, guia, guia o coro — [antístrofe
evoé, evoé — 326
como nos instantes mais abençoados
de meu pai. O coro é pio.
Conduze-o tu, Febo: no teu templo,
entre loureiros, sacrifico. 330
Hímen, ó Himeneu, Hímen.
Dança, mãe, guia a coreografia, teu pé
rodopia cá e lá, com meus pés
aportando o mais amado passo.
Grita "ó himeneu" 335
com abençoados cantos
e brados pela noiva.
Vinde, ó moças frígias
de belos peplos, decantai meu senhor,
destinado à cama 340
de minhas bodas.

CORO

Rainha, a virgem, bacante, não vais conter,
que não erga pé leve rumo ao exército argivo?

Hécuba

Hefesto, és porta-tochas nas bodas dos homens,
mas essa chama que atiças é funesta
e longe de grandes esperanças. Aiai, filha, 345
tu, não sob lança, não sob dardo argivo,
supus que desposarias, um dia, tal esponsal.
Dá-me a luz: sem retidão portas a tocha,
e mênade, aos pulos, nem com tua fortuna, criança,
te moderas, mas nisso ainda persistes. 350
Levai as tochas e as lágrimas trocai
pelas melodias esponsais dela, troianas.

Cassandra

Mãe, recobre minha cabeça vencedora
e te alegra com minhas bodas reais;
e escorta, ainda que para ti eu não tenha zelo, 355
empurra-me com violência: se Lóxias existe,
desposar-me-á, em bodas mais difíceis que as de
[Helena,
o senhor dos aqueus, o glorioso Agamêmnon.
Matá-lo-ei e agora eu saquearei casas,
buscando vingar meus irmãos e meu pai. 360
Mas deixa estar: não cantaremos a machada
que na nuca, minha e de outros, penetrará,
as lutas matricidas que minhas bodas
causarão e a derrocada da casa de Atreu.
Esta cidade mostrarei ser mais abençoada 365
do que os aqueus, tendo o deus em mim; todavia,

no que segue estarei fora de baqueumas:
aqueus que devido a uma mulher e uma Cípris,
caçando Helena, perderam miríades.
O arguto chefe, em nome do mais hostil 370
o mais amado destruiu, agrados familiares
dos filhos dando ao irmão por causa de uma mulher,
que o fez de bom grado e não foi seqüestrada à força.
Quando às margens do Escamandro vieram,
morriam, não privados das fronteiras do país 375
nem da pátria altimurada: os que Ares tomasse,
filhos não viram, nem as mãos das esposas
os cobriram com peplos, mas em terra estranha
jazem. Em casa havia coisas semelhantes a essas:
umas morriam viúvas, outros, sem filhos em casa, 380
em vão crianças nutriram: nos funerais não
há quem sangue à terra deles presenteará.
Desse elogio a armada é merecedora.
O infame é melhor calar — que a musa para mim
não se torne o bardo que cantará males. 385
Primeiramente, os troianos — a mais bela glória —
morriam pela pátria: os que a lança tomasse,
seus corpos eram carregados para casa por amados,
tendo o abraço da terra no solo pátrio,
amortalhados por mãos que lhes deviam isso. 390
Dos frígios, quem não morresse em batalha,
sempre, dia após dia, com esposa e filhos
morava; faltavam tais agrados aos aqueus.
As — para ti — dores de Heitor, ouve como são:
revelado excelente varão, morreu e partiu, 395
e isso a chegada dos aqueus efetua:

tivessem ficado em casa, o valor dele seria esquecido.
Páris desposou a filha de Zeus: do contrário,
teria um casamento silencioso em casa.
Carece, assim, que fuja da guerra quem é prudente; 400
mas, se ela chegar, coroa não infame à cidade
é a bela morte; a não bela, coisa inglória.
Assim não carece, mãe, te apiedares da terra
nem de meu leito: os mais hostis a mim
e a ti, com minhas bodas, eliminarei. 405

Coro

Com que agrado ris dos males familiares
e cantas cantos que igualmente não esclarecerás.

Taltíbio

Não tivesse Apolo feito bacante teu espírito,
não gratuitamente meus comandantes
enviarias desta terra com tais rumores. 410
Ora, o grandioso e o que parece arguto
em nada são mais fortes do que a nulidade.
O grande senhor de todos os helenos,
o amado filho de Atreu, ao desejo que elege essa
mênade submete-se: eu sou reles, 415
mas o leito dessa aí eu não solicitaria.
E de ti (pois não tens um espírito ajustado)
os reproches a argivos e os elogios aos frígios
aos ventos entrego para que os levem: segue-me

às naus, bela noiva para o comandante. 420
E tu, quando o filho de Laerte te desejar
conduzir, segue: serás serva de uma modesta
mulher, como dizem os que vieram a Ílion.

CASSANDRA

O servo é terrível: por que têm essa fama os arautos,
um objeto de asco comum a todos os mortais, 425
subalternos de soberanos e cidades?
Tu dizes que minha mãe irá à casa
de Odisseu? Mas como, se os ditos de Apolo
a mim expostos revelam que ela aqui
morrerá? Quanto ao resto, não a conspurco. 430
Desvalido, ele não sabe que sofrer o aguarda:
os males, meus e dos frígios, a ele como ouro
parecerão ser. Pois ao completar dez anos
além dos passados aqui, chegará, só, à pátria
[...]
onde habita um estreito vaivém pelas pedras 435
a terrível Caríbdis, e o omófago e montês
Ciclope, e a lígure artífice de porcos,
Circe, e os destroços do salino oceano,
e desejos pelo lótus, e as vacas puras de Hélio,
que, por carnes ensangüentadas, lançarão 440
acre voz a Odisseu. Para encurtar,
vivo irá ao Hades e, escapando da água do lago,
chegando em casa, achará males mil.

Agora, por que disparo as agruras de Odisseu?
Marcha veloz: no Hades desposarei meu noivo. 445
Vil, vilmente terás funeral à noite, não de dia,
ó quem crê fazer o grandioso, chefe dos dânaos.
E o meu cadáver, expelido nu, as ravinas
rasgadas por tempestades, junto ao túmulo do marido,
darão às feras para ser lacerado, a serva de Apolo. 450
Ó coroas do deus que eu mais amei, atavios évios,
adeus: deixo as festas nas quais ontem me ataviei.
Saí da pele por rasgões, para que, o corpo ainda puro,
eu as dê a ti, levadas por brisas velozes, ó senhor
[mântico.
Onde está a nau do chefe? Aonde devo embarcar
[meu pé? 455
Presta de imediato atenção à brisa nas velas
para conduzir desta terra a mim uma Erínia de três.
Despeço-me, mãe: não chores. Ó pátria amada,
irmãos debaixo da terra e pai, nosso genitor,
logo me recebereis. Juntar-me-ei aos extintos, exitosa, 460
tendo devastado a casa dos Atridas, que nos
[destruíram.

CORO

Guardiãs da velha Hécuba, não divisais
a senhora distendida, que, muda, cai?
Não a amparareis? Vis, abandonareis
a anciã caída? Erguei, aprumai o corpo. 465

Hécuba

Deixai-me (não é amado o não amado, jovens)
jazer, caída: coisas dignas de quedas
sofro, venho sofrendo e ainda sofrerei.
Ó deuses: apelo a meus aliados, os vis;
ora, mas faz sentido invocar os deuses, 470
quando um de nós alcança fortuna desafortunada.
Primeiro, assim, é-me amável cantar o que é bom:
com meus males lançarei maior piedade.
Soberana, desposei uma casa soberana,
e então gerei filhos excelentes, 475
não mera cifra, mas os maiores dentre os frígios:
tais, nem mulher troiana, helena ou bárbara
poderia jamais se vangloriar de ter gerado.
Mas os vi cair por meio da lança helênica
e cortei os cabelos junto aos túmulos dos mortos, 480
e Príamo, o semeador, pranteei, não
de outros escutando, mas o vi com estes olhos,
eu mesma, imolado no altar caseiro,
e a cidade tomada. As virgens que nutri
em vista da honra distinta dos noivos 485
para outros nutri, arrebatadas de minhas mãos:
não há esperança de por elas ser vista,
e eu mesma não as verei, nunca mais.
E no final, cúmulo de aflitivos males,
escrava, mulher, anciã à Hélade irei. 490
O que para esta velhice é intolerável,
nisto por-me-ão: ou a serva de portas
para vigiar chaves – a genitora de Heitor;

ou a assar pães e ter a cama no chão,
alquebradas costas, após régios colchões, 495
vestindo em torno de pele rota rotos
farrapos de peplos, inglórias ao próspero.
Pobre de mim, através de um esponsal
de uma mulher, o que atingi e atingirei!
Filha, Cassandra, bacante com os deuses, 500
em que circunstância afrouxaste tua pureza.
E tu, onde, onde estás, ó pobre Polixena?
A mim, nenhum rebento, homem ou mulher,
dos muitos gerados a pobre socorrem.
Por que então me aprumais? Por quais esperanças? 505
Conduzi meu pé – um dia gracioso em Tróia,
agora escravo – ao leito de palha sobre o chão
e à mantilha pétrea para, caída, perecer,
dilacerada por choro. Dentre os venturosos,
nenhum considereis afortunado antes de morto. 510

CORO

Sobre Ílion, para mim, ó [estrofe
Musa, o canto fúnebre
de novos hinos canta com pranto.
Agora bradarei melodia acerca de Tróia: 515
como por argivo carro quadrúpede
pereci, pobre prisioneira,
ao deixarem os aqueus – prodígios
fremindo, arreios de ouro, armas 520
   dentro – um cavalo nos portões.

Do alto o povo gritou,
na rocha troiana parado:
"Ide, ó aliviados das agruras,
levai esse sacro ídolo 525
à ilíada moça gerada por Zeus."
Que jovem não saiu?
Que velho não, de casa?
Alegrando-se com cantos,
dispuseram de solerte desgraça. 530

Cada família de frígios [antístrofe
apressou-se aos portões
para o pinho montês, torneada tocaia de argivos,
a desgraça da Dardânia, dar à deusa, 535
dádiva à indomada, à potra imortal.
Como a negra carena da nau com laços
de fiado linho, ao templo
e solo pétreo, assassino da pá- 540
 tria, levaram-no – da deusa Palas.
Com agrura e alegria,
quando presente o breu noturno,
o líbio lótus ressoava
melodias frígias, e virgens 545
erguiam ruído de pés
e soavam alegre grito, mas nas
casas o fulgor luminoso
do fogo escuro brilho
deu ao sono. 550

E eu cantava a montesa [epodo

perto do templo, a moça,
a menina de Zeus,
em coros; e grito de morte 555
do trono do Pérgamo
    cobriu a urbe. Bebês queridos
    em torno dos peplos maternos
    lançavam mãos trêmulas.
Ares saía da tocaia, 560
obra da moça Palas.
Imolações havia nos altares,
e nos leitos frígios
degoladora desolação
conduzia de jovens a coroa 565
amamentadora para a Hélade,
aflição para a pátria dos frígios.

Hécuba, lá vislumbras Andrômaca,
em carro estrangeiro trasladada?
E junto aos mamilos remantes vem 570
o amado Astíanax, filho de Heitor.
Aonde és levada, nas costas de um carro,
ó desvalida mulher,
vizinha das brônzeas armas de Heitor
e de despojos frígios conquistados,
com os quais o filho de Aquiles templos 575
ftiotidas coroará, tomados de Tróia?

ANDRÔMACA

Senhores aqueus me conduzem. [estrofe a

HÉCUBA
Ai de mim.

ANDRÔMACA
Por que gemes meu peã?*

HÉCUBA
Aiai

ANDRÔMACA
por essas agonias

HÉCUBA
ó Zeus

ANDRÔMACA
e pelo revés.   580

HÉCUBA
Filhos

ANDRÔMACA
fomos no passado.

HÉCUBA
Foi-se a riqueza, foi-se Tróia…   [antístrofe a

ANDRÔMACA
infeliz.

HÉCUBA
… e a nobreza de meus
                    [filhos.

ANDRÔMACA
Phêu, phêu

HÉCUBA
por certo *phêu* pelos meus*

---

* Cf. nota aos versos 1127-1128. (N. do T.)

ANDRÔMACA	HÉCUBA
males.	Miseranda a fortuna* 585

ANDRÔMACA	HÉCUBA
da cidade	que se esfuma.

ANDRÔMACA

Vem, ó meu esposo...   [estrofe b

HÉCUBA

Chamas meu filho
já no Hades, ó infeliz.

ANDRÔMACA

... a defesa de tua mulher.   590

ANDRÔMACA

E tu, ó ruína dos aqueus...   [antístrofe b

HÉCUBA

Dentre meus filhos,
o primogênito de Príamo.

---

* Cf. nota aos versos 1127-1128. (N. do T.)

ANDRÔMACA

… adormece-me no Hades.

[estrofe c

ANDRÔMACA   HÉCUBA

Tais anseios são   Infeliz, essas agonias
  [enormes…   [sofremos…*   595

ANDRÔMACA   HÉCUBA

… pela cidade que vai…   … e sobre agonias jazem
                                              [agonias.*

ANDRÔMACA

… por má vontade dos deuses, quando teu rebento
                                [escapou do Hades,
o qual, graças a leito odioso, destruiu a cidadela de
                                [Tróia.
E ensangüentados junto à deusa Palas estão os corpos
                                [dos mortos,
dispostos ao abutre para que os leve: concluiu o jugo
                                [servil de Tróia.   600

---
* Cf. nota aos versos 1127-1128. (N. do T.)

HÉCUBA   ANDRÔMACA

Ó pátria, ó infeliz…   A que resta eu
                                    [choro…*   [antístrofe c

HÉCUBA   ANDRÔMACA

… vês o miserando fim   … e minha casa onde
   [agora.   [pari.*

HÉCUBA

Crianças, a mãe da cidade vazia é tirada de vós.
Tais ululos e tal luto,
e lágrimas após lágrimas pingam [...]   605
nas nossas casas: mas o morto esquece suas dores.

CORO

Quão doces aos aviltados são as lágrimas,
as lamúrias dos trenos e a musa dorida.

ANDRÔMACA

Ó mãe do homem que, com a lança, a maioria   610
dos argivos matou – Heitor –, isto vislumbras?

---

* Cf. nota aos versos 1127-1128. (N. do T.)

HÉCUBA

Vejo objetos dos deuses, pois os erguem como torres,
mesmo sendo nada, e, parecendo algo, os destruíram.

ANDRÔMACA

Butim, levada com meu filho: a nobreza
torna-se escravidão, sofrendo tal reviravolta.   615

HÉCUBA

A necessidade é terrível: há pouco, de mim
arrancada com violência, partiu Cassandra.

ANDRÔMACA

Phêu, phêu:
um outro Ájax, como parece, um segundo,
para tua filha surgiu: tens chagas diversas.

HÉCUBA

Delas, para mim, não há medida nem contagem: 620
com um mal outro mal vai emulando.

ANDRÔMACA

Polixena, tua filha, morreu junto ao túmulo
de Aquiles, imolada: dom ao morto sem vida.

HÉCUBA

Pobre de mim: eu sabia, isso para mim antes
falou Taltíbio sem clareza numa alusão clara. 625

ANDRÔMACA

Vi-a, eu mesma, e, afastando-me deste carro,
cobri-a com peplos e carpi o cadáver.

HÉCUBA

Aiai, criança, por tua ímpia imolação:
aiai de novo, como pereces vilmente.

ANDRÔMACA

Morreu como morreu: mas ainda assim, morreu 630
em sina mais afortunada do que a minha, que vivo.

HÉCUBA

Não é igual, criança, ao enxergar o morrer:
com efeito, um é nada; no outro, há esperanças.

ANDRÔMACA

Ó mãe, ó genitora, a mais bela fala
ouve para que eu te lance júbilo no espírito. 635

Afirmo que o não-vir-a-ser é igual ao morrer,
e a morte é melhor do que uma vida dorida.
Sofre dor nenhuma, sentindo seus males.
Mas o afortunado, depois de cair na desfortuna,
vaga na alma, longe da antiga alegria. 640
E aquela, assim como quem não vê a luz,
está morta e nada sabe dos seus males.
Mas eu, tendo mirado o bom-renome,
obtido o máximo da fortuna, errava.
Pois o modesto que é inventado para as mulheres, 645
isso granjeei sob o teto de Heitor.
Primeiro, pois (é o caso ou não é o caso de
insulto às mulheres) isto mesmo atrai
ser vilipendiada, se ela não fica dentro:
disso afastando o anseio, resistia em casa. 650
Depois, dentro do gineceu, palavras sutis
não introduzia, mas a razão, mestre
inato, boa, eu me contentava de ter.
O silêncio da língua e o olhar calmo ao esposo
confiei: soube quando devia vencer meu esposo 655
e no que a ele devia ceder a vitória.
A notícia dessas coisas, ao exército aqueu
rumando, arruinou-me. Desde que fui presa,
o filho de Aquiles quis-me tomar
como esposa: serei escrava na casa de assassinos. 660
Se, desdenhando a fronte amada de Heitor,
ao meu amo atual abrir o coração,
vil aparecerei ao morto: mas, se do meu senhor
sinto nojo, serei odiada por ele.
Dizem, porém, que uma noite alegre relaxa 665

a aversão da mulher à cama do marido:
execro qualquer uma que, o ex-marido
expelindo em vista de nova cama, outro ama. 668
Mas nem a potra, quando é desjungida
da companheira, puxa fácil o jugo. 670
Em perspicácia inútil, restolho por natureza.
Em ti, amado Heitor, tive o marido que me bastou,
perspicaz, nobre, rico, corajoso – muito:
tomando-me intacta da casa de meu pai, 675
foste o primeiro a subjugar a cama virgem.
E agora, aniquilado tu, navego eu
à Hélade, prisioneira para o jugo servil.
Acaso não tem menos males que eu
a ruína de Polixena, que tu deploras? 680
Nem comigo está o que é deixado a cada mortal,
a esperança, nem engano meu espírito
que faço algo bom: também a crença é doce.

CORO

Teu revés é igual ao meu: ao cantar teu treno,
ensinas-me em que ponto está meu flagelo. 685

HÉCUBA

Eu mesma, até hoje, não subi em um navio,
mas conheço de ver pintado e de ouvir falar:
se o mau tempo é médio para os nautas suportar,
gana têm para se salvar das agruras:

um tem o timão, outro cuida das velas, 690
outro tira água do navio; se o mar se encrespa,
turvando-se em demasia, cedendo à fortuna
eles se abandonam à rota das ondas.
Assim também eu, sofrendo muitos flagelos,
sem fala fico e estou abandonando a boca: 695
vence-me o infeliz vagalhão dos deuses.
Mas, ó criança amada, a fortuna de Heitor
deixa estar: tuas lágrimas não o salvarão.
Honra, porém, teu presente senhor,
dando, a teu modo, amável isca ao homem. 700
Se fizeres isso, agradarias a todos os amados
e amadurecerias esse filho de meu filho,
para Tróia o maior lucro, a fim de que então
os filhos vindos do teu novamente Ílion
assentassem, e que a cidade ainda existisse. 705
Ora, como de uma frase sai outra frase,
quem de novo lá vejo, um servo aqueu
avançando, mensageiro de novas decisões?

TALTÍBIO

Esposa de Heitor, que um dia foi um excelente frígio,
não me odeies: sem o querer, anunciarei 710
um anúncio público dos dânaos e pelópidas.

ANDRÔMACA

O que há? Inicias prelúdios de males para mim.

TALTÍBIO
Parece que teu filho... como formular?

ANDRÔMACA
Acaso não possui o mesmo senhor que eu?

TALTÍBIO
Nenhum aqueu será dele senhor, nunca. 715

ANDRÔMACA
Mas deixá-lo aqui, como restolho dos frígios?

TALTÍBIO
Não sei como te narrar, sem travas, os males.

ANDRÔMACA
Elogio o pudor, a não ser que tenhas males a dizer.

TALTÍBIO
Matarão teu filho: saibas do grande mal.

ANDRÔMACA
Ai de mim, ouço um mal maior do que as bodas. 720

TALTÍBIO
Venceu Odisseu, falando entre todos os helenos...

ANDRÔMACA
Ai que dor: não sofremos males moderados.

TALTÍBIO
... que não nutrissem o filho de um excelente pai...

ANDRÔMACA
Tal coisa vença para os filhos dele mesmo.

TALTÍBIO
... e que era preciso arremessá-lo das torres troianas.   725
Que seja assim e te mostres a mais modesta:
não te agarres nele, nobremente sofre os males,
nem, vigorosa em nada, te creias forte.
Firmeza tens nenhuma: carece observar.
Com marido e morada aniquilados, és dominada,   730
e nós, para pugnar com uma única mulher,
somos potentes. Por isso, não desejes a luta,
nem faças nada infame nem algo odioso,
e quero que nos aqueus não atires pragas.
Se falares algo que enfureça o exército,   735
a criança ficará insepulta, sem carpido.

Silenciando e bem te adonando de tua fortuna,
não deixarias o corpo dele insepulto
e encontrarias os aqueus mais benévolos.

ANDRÔMACA

Mui amado, extraordinariamente honrado filho, 740
morrerás pelo inimigo, a aflita mãe deixando;
matar-te-á o sangue nobre de teu pai,
que, para aqueles outros, é salvação,
pois a bravura do pai a ti não veio a tempo.
Ó leito meu e desafortunado casamento, 745
pelo qual um dia vim à morada de Heitor
gerar um filho, não como vítima para dânaos,
mas como soberano da Ásia mui graneleira.
Ó filho, choras? Percebes os teus males?
Agarras-me com as mãos e grudas-te no peplo, 750
como um filhote caindo nas minhas asas?
Não virá Heitor, tomando a gloriosa lança,
da terra subindo, trazendo tua salvação,
nem os parentes do pai, nem a força dos frígios:
do alto, em salto funesto contra o pescoço 755
caindo, sem piedade teu sopro arrancarás.
Ó jovem abraço com a mãe, mui-amado,
ó doce sopro da pele: debalde, assim,
este seio nutriu-te quando em fraldas,
em vão me atribulava e me extenuei em agruras. 760
Agora – nunca de novo – acaricia tua mãe,
cai sobre a genitora, com os braços

enlaça minhas costas e busca minha boca.
Ó gregos inventores de males bárbaros,
por que matais esta criança, culpada de nada? 765
Ó broto tindarida, nunca que és de Zeus;
digo que foste gerado de muitos pais,
primeiro de um Nume Vingador, depois de Inveja,
de Crime, Morte e de tais males que a terra nutre.
Confio que Zeus nunca te tenha gerado, 770
trespasse para muitos bárbaros e helenos.
Perece: a partir dos mais belos olhos –
infâmia! – arruinaste os gloriosos prados de Tróia.
Mas conduzi, levai, atirai, se convém atirar:
banqueteai-vos nas carnes dele. Pelos deuses 775
somos aniquilados e para nosso filho não podemos
afastar a morte. Cobri o corpo afligido
e atirai-o aos navios: sim, vou a um belo
esponsal, tendo perdido o próprio filho.

Coro

Miserável Tróia, tu perdeste miríades 780
graças a uma mulher e um odioso leito.

Taltíbio

Vai, criança, o amado abraço solta
da mãe dolorosa, caminha ao cume
coroado das torres pátrias, de onde
o voto ordenou que envies tua vida. 785
Tomai-o. Mas carece essas coisas

anunciar quem for impiedoso
e da impudência mais amigo
do que o é nossa atitude.

Hécuba

Ó criança, ó filho de filho doloroso, 790
somos despojadas de tua alma injustamente,
eu e tua mãe. O que sofrerei? O que para ti,
malfadado, devo fazer? A ti damos estas
batidas na cabeça e golpes no peito:
isso podemos. Ai de mim pela cidade, 795
ai de mim por ti. Pois o que não temos?
O que nos falta para, com todo o ímpeto,
marchar no meio da total ruína?

Coro

Da apinutriz Salamina, ó rei Télamon, [estrofe a
ocupando o trono da ilha envolta em ondas 800
que se reclina em face das sacras escarpas, onde Atena
                                                                                    [glauca
mostrou o primeiro ramo da oliveira,
celeste coroa e adorno à brilhosa Atenas,
vieste, vieste com o porta-arco sendo
   herói, com a cepa de Alcmena, a 805
Ílion, Ílion, para devastar a cidade
nossa, o que um dia [...]
quando vieste da Hélade;

quando da Hélade guiou a prima flor, privado [antístrofe a
dos potros, e sobre o Símois bem fluente o remo 810
relaxou, o abre-mar, e os cabos da popa prendeu
e das naus retirou a boa-mira da mão,
o assassínio de Laomedonte: a estrutura a régua
    [de Febo
tendo abatido com púrpura rajada de fogo, fogo, 815
pilhou a região de Tróia.
Duas vezes, com dois golpes a lança sangüínea
dissolveu a muralha em torno da dardânia.

Em vão, ó gracioso que passa entre áureas jarras
    [de vinho, [estrofe b
ó filho de Laomedonte, 822*
manténs cheias as taças de Zeus, belíssima servidão;
quem te gerou, porém, em fogo arde, 825
e as margens salinas
gritam um coro como um pássaro
    por causa dos filhotes: 830
umas, aos maridos, outras, aos filhos,
outras, às velhas mães.
E teus banhos orvalhados
e as pistas dos ginásios
se foram, mas tu faces jovens 835
    de calma beleza, junto ao trono de Zeus,
com tua graça nutres. E a terra de Príamo
lança helena destruiu.

---
* Cf. nota aos versos 705-725. (N. do T.)

Desejo, Desejo, que aos pavilhões dardaneus
                        [vieste   [antístrofe b
considerado pelos celestes, 842
quão magnífica ergueste Tróia como uma torre, com
                        [os deuses
unindo em parentesco. Mas de Zeus 845
a crítica jamais farei:
o clarão da Manhã de alvas asas,
    amável aos mortais,
viu o ruinoso à terra,
a ruína do Pérgamo viu, 850
pegando o faz-filhos desta
terra, esposo em bodas,
o qual o carro dourado estelar 855
    com quatro cavalos tomou, raptando,
grande esperança à terra pátria. Mas os amavios
dos deuses partiram de Tróia.

MENELAU

Ó mui brilhante clarão do sol, 860
sob o qual minha esposa manejarei,
Helena: quem por certo muito se atribulou, eu —
sou Menelau! — e a armada aquéia.
Vim a Tróia não tal como me crêem,
pela mulher, mas atrás do homem que, da minha 865
casa, traindo seu hospedeiro, seqüestrou a esposa.
Mas esse, graças aos deuses, pagou sua pena,
o próprio e a terra caindo sob lança helênica.
E eu vim a lacônia (não com agrado

digo o nome da esposa que um dia foi minha) 870
levar: nessa tenda, entre as prisioneiras
é enumerada com as outras troianas.
Os que a pegaram com a tribulação da lança,
para a matar deram-na a mim; ou, não a matando,
se a quisesse reconduzir à terra argiva. 875
Mas pareceu-me por bem em Tróia o fado fatal
de Helena evitar e levá-la com remo porta-nau
à terra helênica e então entregá-la para que a matem,
retribuição aos que têm mortos amados em Ílion.
Mas vamos lá, entrai na casa, companheiros, 880
arrastai-a, pela cabeleira maculada
com sangue puxando: quando benfazejas
rajadas vierem, escoltá-la-emos à Hélade.

HÉCUBA

Ó esteio da terra e sobre a terra tendo trono,
quem quer que sejas, enigma à compreensão, 885
Zeus, se necessidade natural ou razão humana,
oro a ti: pois todas as coisas mortais, marchando
em rota silente, conduzes conforme à justiça.

MENELAU

Como é? Que novas preces fizeste aos deuses!

HÉCUBA

Elogio-te, Menelau, se matares tua esposa. 890
Mas escapa de vê-la, que não te agarre com o anseio.

Pois agarra o olhar dos homens, arrasa cidades,
queima casas: assim é seu charme.
Eu a conheço, e tu e os que sofreram.

HELENA

Menelau, proêmio digno de medo 895
esse aí: sim, nas mãos de teus servidores
fui trazida dessa casa com violência.
Bem, creio saber que sou odiada por ti;
quero, porém, perguntar: quais são as atitudes,
dos helenos e de ti, acerca de minha vida? 900

MENELAU

O exército não foi preciso, mas todo ele
deu-te a mim, que injuriaste, para matar-te.

HELENA

Pode-se responder a isso com uma fala,
que, se eu morrer, morreremos injustamente?

MENELAU

Não estou aqui para falas, mas para te matar. 905

HÉCUBA

Ouve-a, que não morra privada disso,
Menelau, e dá as falas oponentes a nós

contra ela: pois dos males havidos em Tróia
nenhum conheces. Disposta toda a fala,
matá-la-ás, de sorte que de modo algum fuja. 910

MENELAU

Meu presente é o tempo livre; se ela quer falar,
pode: pelo que tu falaste, para que saibas,
dar-lhe-ei isso; não darei graças a essa aí.

HELENA

Talvez a mim — se bem ou mal eu parecer falar —
não retrucarás que me julgas inimiga. 915
Mas eu, àquilo do que tu, creio, discutindo,
me acusarás, responderei pondo em face
às tuas, minhas — e tuas — acusações.
Primeiro, essa aí gerou as origens dos males,
Páris tendo gerado: depois, o velho 920
destruiu Tróia e a mim, ao não matar o bebê,
acre imitação de um tição — Alexandre, então.
A partir daí, o restante escuta como é.
Aquele julgou um triplo jugo de três deusas:
bem, o dom de Palas para Alexandre era 925
despovoar a Hélade, comandando frígios;
Hera jurou que sobre a Ásia e os limites da Europa
Páris, se a escolhesse, teria a soberania;
Cípris, com minha aparência se estonteando,
prometeu dá-la, se ultrapassasse as deusas 930

em beleza. Observa minha fala seguinte:
Cípris vence as deusas, e minhas bodas nisso
serviram à Hélade: nem dominados por bárbaros,
nem tendo pego em armas, nem sob tirania.
No que a Hélade foi afortunada, eu fui destruída, 935
vendida pela formosura, reprochada
por quem deveria coroar minha cabeça.
Ainda não, dirás, toquei no ponto em questão,
como me lancei de tua casa à sorrelfa.
Veio trazendo uma deusa não miúda consigo 940
o nume vingador dessa aí, se queres
chamar-lhe de Alexandre, ou se de Páris:
deixando-o em tua casa, ó maldito,
de navio partiste de Esparta rumo a Creta.
Pois bem.
Não a ti, mas a mim mesma ainda indagarei isto: 945
em que pensando, de casa acompanhei
o hóspede, traindo a pátria e minha casa?
Castiga a deusa e sê mais poderoso que Zeus,
o qual tem domínio sobre os outros numes,
mas daquela é escravo: assim, compreende-me. 950
Donde falarias plausivelmente a mim:
morto Alexandre, foi aos recessos da terra;
carecia que eu, findo meu leito feito por deus,
deixando o lar, rumasse às naus dos argivos.
Almejava isso mesmo: minhas testemunhas, 955
porteiros das torres e vigias da muralha,
amiúde me surpreenderam, do parapeito
com cabos surrupiando este corpo à terra.
Tendo este novo esposo me agarrado com violência,

Deífobo, levava-me ao leito, malgrado os frígios. 960
Logo, como morreria com justiça, senhor,
[...]
pela tua justiça, a qual ele desposa com violência,
e quanto àquelas coisas do lar, em vez de prêmio,
sofri acre servidão? Se pretendes dominar
os deuses, aspirar a isso é estúpido de tua parte. 965

Coro

Rainha, defende teus filhos e pátria,
eliminando sua persuasão, pois fala
bem, embora sendo vil: terrível é isso.

Hécuba

Primeiro me tornarei aliada das deusas
e mostrarei que essa aí não fala o justo. 970
Pois Hera e a virgem Palas, eu não
creio terem chegado a tal estupidez,
que uma vendeu Argos aos bárbaros,
e Palas, Atenas aos frígios, em servidão.
Não com jogos e langor em torno da aparência 975
vieram ao Ida: por causa do que a divina
Hera teria tanto desejo pela beleza?
Receberá esposo melhor que Zeus?
Ou Atena está caçando bodas com um dos deuses,
a que do pai reivindicou a virgindade, 980
fugindo do leito? Não tornes as deusas estúpidas
ao enfeitar teu ato vil; não persuadirás os argutos.

Cípris disseste (isto é muito engraçado)
ter vindo com meu filho ao lar de Menelau.
Permanecendo, plácida, no céu, a ti não 985
levaria a Ílion, com Amiclas e tudo?
Meu filho era o mais notável em beleza,
e teu espírito, vendo-o, tornou-se Cípris:
sim, toda loucura é Afrodite aos mortais,
e é correto que o nome da deusa reja a afronesia. 990
Vislumbrando-o, com trajes bárbaros
e com ouro luzindo, teu espírito desvairou-se.
Pois em Argos circulavas tendo pouco,
mas afastada de Esparta, a cidade frígia
onde escorre ouro esperaste inundar 995
com gastos: não te era o bastante a casa
de Menelau para te esbaldares em luxúria.
Seja. Com violência, dizes, meu filho te levou:
Que espartano o percebeu? Ou que grito
ululaste, o jovem Cástor – no mesmo jugo, 1000
tu e ele – ainda vivo estando, não entre as estrelas?
Desde que vieste a Tróia, e os argivos no teu
rastro, houve uma contenda lancinante:
se te anunciassem esse aí estar melhor,
elogiavas Menelau, e assim doía a meu filho 1005
ter um grande contendor em desejo;
mas, se afortunados os frígios, nada era esse aí.
Observando a fortuna, exercitavas-te a fim de
ires atrás dela, mas da virtude, não querias.
Depois dizes que, furtiva, teu corpo com cordas 1010
das torres descias, pois ficaste a contragosto.
Onde então foste pega ou pendurada numa corda

ou afiando uma espada, o que uma nobre mulher
teria feito, ansiando pelo antigo amado?
Bem que te adverti de muita coisa muitas vezes. 1015
"Filha, parte: os meus filhos casamentos
outros casarão, e enviar-te-ei às naus aquéias,
ajudando-te a te esconderes; da luta afasta
os helenos e a nós." Para ti, porém, isso era acre.
Na casa de Alexandre ias além da conta 1020
e querias os bárbaros, prostrados, saudando-te.
Para ti era importante. Além disso, teu corpo
adornas ao saíres e com teu marido olhas
para o mesmo céu, ó figura desprezível:
era necessário humilde, em trapos de peplos, 1025
de horror tremendo, de cabeça raspada
vires, mais modéstia do que impudência
adotando por causa dos erros anteriores.
Menelau, apreende como encerrarei a fala:
matando essa aí, coroa a Hélade, ato digno 1030
de ti, e esse costume impõe para as outras
mulheres: morra quem quer que traia seu esposo.

Coro

Sendo digno de teus ancestrais, da tua casa,
Menelau, pune tua esposa e afasta, pela Hélade,
a pecha de efeminado, mostrando-te nobre ao
[inimigo. 1035

Menelau

Caíste, concordando comigo, no mesmo ponto:

de bom grado ela foi da minha casa
a leito estrangeiro. Cípris, graças à vanglória,
inseriu-se na fala. Dirige-te aos lapidadores
e paga as agruras aquéias, longas, com curta   1040
morte, para que aprendas a não me envergonhar.

HELENA

Não – junto a teus joelhos! –, a doença dos deuses
imputando a mim, me mates, mas compreende.

HÉCUBA

E teus aliados que ela matou não traias:
eu te suplico em nome deles e de meus filhos.   1045

MENELAU

Chega, velha, pois com ela não me preocupo.
Ordeno aos servos que até as popas dos navios
a escoltem, onde será trasladada.

HÉCUBA

Que não embarque no mesmo navio que tu.

MENELAU

Por quê? Ela tem um peso maior que o antigo?   1050

Hécuba
Não existe um desejador que não ame sempre.

Menelau
Assim como desembarca dos desejados a razão.
Será, pois, como queres: não embarcará na nau,
na nossa; de fato, tua fala não é vil.
Tendo chegado a Argos, merecendo, vil, 1055
vilmente morrerá, e modéstia às mulheres,
a todas, imporá. Isso não é fácil;
a ruína dessa, porém, no medo lançará
a loucura delas, embora continuem infames.

Coro

Mas como de Ílion o [estrofe a
templo e o oloroso al- 1061
   tar entregaste aos aqueus,
Zeus, e a chama dos bolos,
o fumo da mirra celeste,
   o sacro Pérgamo 1065
e o bosque heroso do Ida, Ida,
banhado por neve fluvial,
e a borda que primeiro alcança a aurora,
lar mui divino, luzidio? 1070

Partiram de ti os sacrifícios, os bramidos [antístrofe a
auspiciosos dos coros, noitadas
   de deuses na penumbra,

ídolos batidos em ouro
e mui divinas luas frígias 1075
   em profusão, doze ao todo.
Preocupa, preocupa-me se refletes, senhor,
tendo subido ao trono celeste
e ao céu da cidade destruída,
que o ardente assalto do fogo liquidou. 1080

Ó amado, meu esposo, [estrofe b
tu, sucumbido, vagas
insepulto, seco, e a mim, marina nau 1085
agitando, com asas transportará
a Argos, pastagem de potros, onde muralha
pétrea, ciclópica, celeste, é habitada.
Uma profusão de crianças nos portais
aos prantos pendurada, geme, grita, grita: 1090
"Mãe, ai de mim, sozinha aqueus me le-
   vam dos teus olhos
à nau cinzenta;
com remos marinhos 1095
vou à sacra Salamina
ou ao pico dupla-vista,
Ístmio, onde a morada
de Pélops tem seus portais."

Oxalá na nau egéia de Menelau, [antístrofe b
singrando o alto-mar, 1101
sacro arremesso, entre filas de remos,
caia fogo luzente como um raio,
de Ílion, pois a mim, mui chorosa, 1105

serva da Hélade, da terra exila,
enquanto dourados espelhos, graças
de virgens, a jovem de Zeus consegue possuir;
e que ela não vá à terra lacônia e ao pá- 1110
   trio tálamo, ao fogo-lar,
nem à cidade de Pitana
e ao brônzeo portal divino,
agarrando bodas vis, infâmia
à Hélade, à magnífica, 1115
mas ao Simóis,
às correntes, vãos sofrimentos.

Ió ió,
de novo há novas reviravoltas
na fortuna desta terra. Olhai, dos troianos
esposas miseráveis, Astíanax aí, 1120
o cadáver, que, acre projétil das torres,
os dânaos mataram.

TALTÍBIO

Hécuba, um único golpe de remos restante
o butim que resta do filho de Aquiles
vai trasladar até as escarpas ftiótidas; 1125
Neoptólemo, ele mesmo, zarpou, sabendo
dos novos reveses de Peleu, ao qual da terra
Acasto, o filho de Pélias, expeliu.
Mais veloz para isso que para a graça da espera
partiu, e Andrômaca com ele, de mim muito 1130
choro vertendo, quando se abalou da terra,

a pátria deplorando e se despedindo
do túmulo de Heitor. E pediu-lhe para ao morto
dar funeral, que, arremessado do muro,
perdeu sua vida, o filho do teu Heitor; 1135
e ao terror aos aqueus, ao escudo de brônzeo dorso,
esse aí, que o pai dele lançava sobre o flanco,
para não o levar ao fogo-lar de Peleu
nem ao mesmo tálamo em que ela será esposa,
a mãe desse morto, Andrômaca, dorida visão, 1140
mas, em vez de cedro e cercados pétreos,
para nele enterrar a criança; e aos teus braços
alguém o dar, para o morto envolveres com peplos
e coroas, conforme teu poder e tuas posses:
pois partiu, e a rapidez do senhor 1145
impediu-a de dar ao filho um funeral.
Nós, porém, quando adornares o cadáver,
depois de o cobrires de terra, ergueremos lança:
e tu de imediato executa o transmitido.
De uma tribulação, todavia, te afastei: 1150
atravessando as correntes do Escamandro,
banhei o morto e lavei os ferimentos.
Para ele, portanto, irei abrir cavado túmulo,
a fim de que logo o meu e o teu interesse,
unidos em um só, ao lar acelerem o remo. 1155

HÉCUBA

Ponde o escudo arredondado de Heitor no chão,
dorida cena e para mim não amada de ver.
Mais orgulhosos da lança do que prudentes,

por que, aqueus, temendo esta criança, assassínio
inusitado realizastes? Temendo que Tróia, 1160
caída, se aprumasse um dia? Nada sois, portanto,
porque, embora Heitor fosse afortunado na lança,
perecíamos, por haver outra mão numerosa,
e, a cidade tomada e os frígios abatidos,
temestes tal rebento: não elogio o medo 1165
se alguém se amedronta sem repassar com juízo.
Caríssimo, que morte veio a ti, desditosa!
Se tivesses morrido pela cidade, obtendo,
na juventude, bodas e tirania divinizante,
terias sido abençoado, se há nisso algo abençoado; 1170
essas coisas, após ver e reconhecer na tua alma,
                                                [criança,
já não conheces; usaste nada, em casa tendo.
Desvalido, da cabeça te tosou, penosamente,
a muralha pátria, a fortificação de Lóxias,
madeixas que a geratriz amiúde cultivou 1175
e cobriu de beijos, de onde gargalha o homicídio,
ossos partidos – não acoberto o infame.
Ó mãos, que doces semelhanças com o pai
tendes, mas soltas nos pulsos jazeis em frente.
Ó boca amada, que amiúde expeliu vanglórias, 1180
estás morta, enganaste-me ao cair nos meus peplos:
"Ó mãe", falavas, "sim, a ti, das minhas madeixas,
muitos cachos tosarei e para o túmulo blocos
de amigos guiarei, dando amáveis saudações."
Tu não a mim, mas eu sepulto-te a ti, mais jovem: 1185
a anciã sem pátria e sem filhos, o miserável morto.
Ai de mim, muito abraço, meu alimento

e aqueles sonos partiram. O que então
o poeta escreveria para ti no teu túmulo?
"Esta criança um dia mataram os argivos, 1190
temerosos"? A inscrição é infame para a Hélade.
Assim, não obterás quinhão do pai, todavia,
serás sepulto no escudo de brônzeo dorso.
Ó salvador do braço, com belo antebraço,
de Heitor, teu mais nobre guardião perdeste. 1195
Quão doce no teu cabo jaz a marca,
e, na borda bem torneada do escudo, o suor,
que, se extenuando, da fronte com freqüência
Heitor destilou, apoiando-o junto à barba.
Carregai, trazei ao miserável morto um adorno 1200
do que sobrou. Não com vistas à beleza o nume
dispende destinos: do que tenho, isso receberás.
Dos mortais, é louco quem, crendo passar bem
solidamente, se alegra: desse modo, a fortuna,
como o homem volúvel, pra cá, depois pra lá, 1205
salta, e assim ninguém por si é afortunado.

CORO

Olha nas mãos: elas, para ti, dos despojos
frígios trazem adorno para cingir o morto.

HÉCUBA

Criança, a ti que não venceste com potros
ou lanças os companheiros — costumes que os frígios 1210
honram, não até a saciedade caçando —,

a mãe do pai sobre ti dispõe atavios
do que um dia era teu. Agora a odiada pelos deuses,
Helena, a ti roubou, além do que tanto tua alma
matou, quanto toda tua casa aniquilou. 1215

CORO

É é, no espírito
tocaste, tocaste: ó para mim grande um dia,
esteio da cidade.

HÉCUBA

O que nas bodas carecia pores sobre a pele,
desposando a mais poderosa das asiáticas,
com isso, frígio atavio, peplos, cinjo a tua pele. 1220
E tu, ó um dia bem vitorioso sobre miríades,
mãe de troféus, escudo amado de Heitor,
sê coroado: morrerás não, morrendo com o cadáver.
Pois a ti, muito mais do que às armas
do arguto vilão, Odisseu, cumpre valorar. 1225

CORO   HÉCUBA*

Aiai, aiai:
acre lamúrio, a ti a terra, ó
criança, receberá.
Lamenta, mãe…   Aiai.

---

* Cf. nota aos versos 1127-1128. (N. do T.)

CORO   HÉCUBA

... com o brado dos mortos.   Ai de mim.*   1230

CORO

Ai de mim, sim, por inolvidáveis vilezas.

HÉCUBA

Com bandagens curarei tuas feridas,
uma médica infeliz, só de nome, mas sem os atos;
das outras, entre os mortos, cuidará teu pai.

CORO

Bate, bate na cabeça,   1235
dando golpes de mão.
Ai de mim, de mim.

HÉCUBA

Caríssimas mulheres.

CORO

Hécuba, às tuas dize: que fala pregoas?

---
* Cf. nota aos versos 1127-1128. (N. do T.)

Hécuba

Nada havia entre os deuses exceto minhas agruras 1240
e Tróia, distinta entre as cidades, odiada:
em vão sacrificamos. Mas se um deus não
tivesse revirado a terra, o alto trocando e o baixo,
não seríamos, tendo desaparecido, cantados,
dando cantos às musas dos mortais vindouros. 1245
Andai, sepultai no aflitivo túmulo o cadáver:
tem as coroas necessárias para os defuntos.
Creio que, para os mortos, quase não difere
se alguém ricas exéquias alcançará.
Vazio é esse objeto de ostentação dos vivos. 1250

Coro

Ió ió,
infeliz a mãe, que rasgou
suas grandes esperanças de vida para ti:
tido por mui próspero já que nasceste
de pais destacados,
pereceste numa terrível morte. 1255
Éa éa.
Que chamas, nos picos troianos,
são essas que vejo mãos com tições
remando? Vai inusitado
mal achegar-se de Tróia?

Taltíbio

Ordeno aos capitães, posicionados para incendiar 1260

essa urbe de Príamo, que não mais a chama, imóvel,
salvem nas mãos, mas que lancem o fogo,
para que, tendo aniquilado a cidade de Ílion,
satisfeitos zarpemos de Tróia para casa.
E vós, para a mesma fala ter duas formas, 1265
marchai, crianças de Tróia, quando os oficiais
do líder soarem o penetrante eco de trombeta,
às naus dos aqueus para partirdes da terra.
E tu, ó velha mulher, a mais desafortunada,
segue: esses procuram-te a mando de Odisseu, 1270
a quem, da pátria, o sorteio te envia como escrava.

Hécuba

Ai, pobre de mim. É isto que é o fim
e o limite já de todos os meus males:
parto da pátria, a cidade incendeia-se em fogo.
Mas, ó velho pé, apressa-te penosamente 1275
para acarinhares a extenuada cidade.
Ó grande, um dia soprando entre os bárbaros,
Tróia, teu glorioso nome perderás rápido.
Incendeiam-te, e a nós já escortam da terra,
escravas. Ai deuses: mas por que chamo os deuses? 1280
Pois antes não escutaram, mesmo invocados.
Eia, à pira corramos: para mim o mais belo
é perecer com esta pátria, queimando-me.

Taltíbio

Estás em êxtase, ó desvalida, mercê de males próprios.

Mas escortai, não recueis: carece dá-la 1285
às mãos de Odisseu e conduzir o quinhão.

HÉCUBA

Otototôi. [estrofe a
Cronida, alteza frígia, genitor
pai, coisas indignas da do dardânio,
da raça, isso que sofremos enxergas? 1290

CORO

Enxerga: a megapátria
apátrida, Tróia, aniquilada, não existe mais.

HÉCUBA

Otototôi. [antístrofe a
Reluz Ílion, ardem 1295
    em fogo os prédios do Pérgamo,
a cidade e o topo da muralha.

CORO

Como uma fumaça com asa favorável,
    a terra, pela lança caindo, sucumbe.
Com violência tetos são percorridos pelo fogo 1300
e pelo dardo destruidor.

HÉCUBA

Ió terra nutriz de meus filhos. [estrofe b

CORO

É é.

HÉCUBA

Crianças, escutai, apreendei a fala da mãe.

CORO

Com ululo chamas os mortos.

HÉCUBA

Velha, ponho no chão os membros meus 1305
e ressôo a terra com duplas mãos.

CORO

Seguindo-te, o joelho ponho na terra,
chamando das profundas os meus
afligidos maridos.

HÉCUBA	CORO	
Escortadas, levadas...	Agonia, agonia gritas.*	1310

---
* Cf. nota aos versos 1127-1128. (N. do T.)

HÉCUBA
... para baixo de teto
    [escravo.

CORO
Da minha pátria.*

HÉCUBA
Ió ió, Príamo, Príamo,
tu, destruído, insepulto, desamparado,
desconheces minhas desgraças.

CORO
Sim, os olhos encobriu a negra   1315
   morte pia em ímpia imolação.

HÉCUBA
Ió morada dos deuses e amada cidade,...   [antístrofe b

CORO
É é.

HÉCUBA
... tendes chama sangüínea e a ponta do dardo.

CORO
Sem nome, rápido caireis na terra amada.

---
* Cf. nota aos versos 1127-1128. (N. do T.)

HÉCUBA

A cinza, igual a fumo, asa rumo ao céu,　　　　　　　　1320
desconhecedora de meu lar me torna.

CORO

O nome da terra desaparecerá: lá
e cá, tudo partiu, não mais é
a pobre Tróia.

HÉCUBA	CORO
Apreendestes, ouvistes?	O barulho do Pérgamo?* 1325

HÉCUBA	CORO
Um sismo, sismo toda	cidade submerge.*

HÉCUBA

Ió ió, trêmulos, trêmulos
membros, levai meu rastro: ide ao
dia servil da vida.　　　　　　　　　　　　　　　　1330

CORO

Ió pobre cidade. Todavia,
　　puxa teu pé para os barcos dos aqueus.

---
* Cf. nota aos versos 1127-1128. (N. do T.)

Cromosete
Gráfica e editora Ltda.

Impressão e acabamento
Rua Uhland, 307 - Vila Ema
03283-000 - São Paulo SP
Tel/Fax: (011) 6104-1176
Email: adm@cromosete.com.br